VOM LAND

Omas vegetarische Küche

Jost Schowe

VOM LAND

Omas vegetarische Küche

60 saisonale und regionale Rezepte mit Bildern und Geschichten

EMF
EIN BUCH DER
EDITION MICHAEL FISCHER

INHALT

S. 74

S. 66

S. 150

S. 56

S. 164

Vorwort

Meine Oma, eine gelernte Hauswirtschafterin, hat, seit ich denken kann, in unserem Generationenhaushalt gekocht. Heute ist das häufig auch noch so, doch eines hat sich geändert: 2019 habe ich mich dazu entschieden, meine Ernährung vegetarisch zu gestalten. Mit einer fleischlosen Ernährung wollte ich meinen Beitrag für die Umwelt leisten und gesünder essen. Mein Beschluss fiel zwar nicht von jetzt auf gleich, aber auch der schleichende Prozess und die letztliche Entscheidung waren anfangs ungewohnt für meine Oma und den Rest der Familie. Das gewohnte gemeinsame Essen war nun nicht mehr möglich, da Gerichte wie Spaghetti bolognese, Reis mit Hühnerfrikassee oder Geschnetzeltes nicht mehr auf dem Plan standen.

Vielmehr landete mehr Gemüse auf unseren Tellern, und falls es beim Essen Fleisch gab, fielen die Mengen für andere Familienmitglieder viel geringer aus. Denn auch meine Familie wusste nach kurzer Zeit die Vorzüge einer pflanzenbetonten Ernährung zu schätzen.

Oma probiert immer neue Rezepte aus und verändert sie, bis sie ihr gefallen. Inspiration holt sie sich aus Magazinen, Fernsehsendungen und ab und zu auch aus dem Teletext. Auch ich komme mit neuen Rezeptideen zu ihr und diese werden für die gesamte Familie adaptiert und umgesetzt. Denn natürlich war Oma anfangs auf meine Mithilfe angewiesen. Manche Gerichte wurden von uns abgeändert, andere fielen ganz weg. Dort wo es möglich ist, ersetzen Linsen, Bohnen und Pilze in Gerichten das Fleisch. Sonst wird anderes saisonales Gemüse hinzugefügt. Denn durch ihre Generation und Ausbildung bedingt, kocht meine Oma viel mit Kartoffeln, Kohl- oder Knollengemüse und weiß diese zu schätzen. So landet bei uns viel Heimisches auf dem Teller.

Regionalität und Saisonalität sind, neben der vegetarischen Ernährung, wichtige Ansätze, um die Umwelt zu schonen. Aber natürlich ist regionaler Anbau nicht nur gut für die Umwelt – er kann auch gut für den Geldbeutel sein. Lebensmittel, die gerade in Saison sind, sind wesentlich günstiger als außerhalb der Saison. Logisch, oder? So gibt es zur richtigen Zeit Obst oder Gemüse für nur wenige Euro in eurem Supermarkt oder beim Gemüsehändler vor Ort.

Unsere Rezepte sollen nicht nur einfach zubereitet werden können. Auch die Lebensmittel sind meist geläufig und im örtlichen Supermarkt zu kaufen. Aber auch Obst- und Gemüsesorten abseits allgemeiner Beliebtheit verdienen Beachtung und sind im Kommen. Deshalb finden in diesem Buch auch vereinzelt Rezepte mit außergewöhnlicheren Lebensmitteln wie der Schwarzwurzel ihren Platz.

Mit einem klaren Fokus auf regionale und saisonale Lebensmittel gibt dieses Buch euch ein buntes Repertoire an Rezepten an die Hand. Diese müssen euch nicht als strikte Anleitung dienen, sondern dürfen Inspiration sein und Raum für eigene kreative Ideen zu den Gerichten oder sogar ganz neue Rezepte geben. Ob einzelne Zutaten aufgrund von Vorliebe geändert oder saisonbedingt ersetzt werden: Alles ist möglich, probiert euch aus! Wichtig ist mir, dass ihr mit ein paar einfachen Handgriffen zu leckeren Gerichten kommt, die nicht unbedingt aufwendig sein müssen.

Für mich war dieses Buch eine Reise. Eine Reise, die Spaß gemacht hat, mich viel entdecken ließ und bekannte Wege in ein neues Licht rückte.

UND JETZT VIEL SPASS BEIM KOCHEN.

Rezepte

FRÜHLING

ZWIEBELKUCHEN

2–3 PERSONEN | ca. 2 STUNDEN | VEGETARISCH

Zwiebeln werden von uns oft benutzt, um einzelne Gerichte geschmacklich abzurunden. Bei diesem Zwiebelkuchen stehen aber die verschiedenen Zwiebelsorten im Vordergrund und verleihen dem Rezept die ideale Kombination aus Schärfe und Süße.

ZUTATEN

Für den Teig

½ Würfel frische Hefe
1 TL Zucker
300 g Dinkelmehl (Type 630)
3 EL Rapsöl
200 g Dinkelvollkornmehl
Salz

Für den Belag

1 große Gemüsezwiebel
2 rote Zwiebeln
2 Frühlingszwiebeln
30 g Feldsalat
250 g Schmand
1 TL Honig
1 TL mittelscharfer Senf
Salz

ZUBEREITUNG

Für den Teig die Hefe in 275 ml lauwarmem Wasser auflösen. Zucker hinzugeben. Nun das Dinkelmehl sowie das Rapsöl zum Hefewasser geben und gut unterrühren. Den Teig 20 Minuten ruhen lassen. Danach das Dinkelvollkornmehl zusammen mit ½ TL Salz hinzugeben. Den Teig gut durchkneten und weitere 60 Minuten gehen lassen. Sobald er sein Volumen deutlich vergrößert hat, kann er weiterverarbeitet werden.

Den Teig in acht gleich große Portionen teilen, jeweils in der Größe einer Hand ausrollen und auf ein mit Backpapier ausgelegtes Backblech legen. Erneut 20 Minuten ruhen lassen.

Den Ofen auf 200 °C (Ober-/Unterhitze) vorheizen.

Während der Teig auf dem Backblech ruht, die verschiedenen Zwiebelsorten für den Belag schälen bzw. waschen und in dünne Ringe schneiden. Den Feldsalat waschen und abtropfen lassen. Den Schmand mit Honig und Senf vermengen, sodass eine homogene Masse entsteht, und gleichmäßig auf den Teiglingen verteilen. Anschließend jeden Teigling mit etwas Feldsalat sowie den Zwiebelringen belegen. Die vorbereiteten Zwiebelkuchen ca. 15 Minuten im heißen Ofen backen, bis sie goldbraun sind.

GEBACKENER WEISSKOHL MIT BERGLINSEN

2 PERSONEN | 50 MINUTEN | VEGETARISCH

ZUTATEN

Für den Weißkohl
500 g Weißkohl
Salz
Pfeffer
1 EL Weißweinessig
3 EL Rapsöl
50 g Berglinsen

Für die Mayonnaise
1 Knoblauchzehe
25 g Walnusskerne
1 TL Zucker
1 Ei (Größe M)
50 ml Rapsöl
Salz
Pfeffer

ZUBEREITUNG

Den Ofen auf 200 °C (Ober-/Unterhitze) vorheizen. Die äußeren Blätter des Weißkohls entfernen, den Kohl waschen, vierteln und auf einem mit Backpapier ausgelegten Backblech verteilen. Anschließend 1 TL Salz, etwas Pfeffer sowie Weißweinessig und Rapsöl vermengen und diese Mischung über dem Weißkohl verteilen. Nun 20 Minuten im heißen Ofen backen.

Für die Linsen 500 ml Salzwasser zum Kochen bringen und darin ca. 20 Minuten die Linsen weich kochen.

Währenddessen für die Mayonnaise den Knoblauch schälen, hacken und mit Walnüssen sowie dem Zucker in einer Pfanne karamellisieren.

Das Ei zusammen mit Öl, Salz und Pfeffer in eine Schüssel geben und mit einem Stabmixer aufschlagen, sodass eine schaumige Mayonnaise entsteht. Danach die Nüsse und den Knoblauch hinzugeben und erneut gründlich pürieren. Die Linsen vom Herd nehmen und den Weißkohl aus dem Ofen holen. Beides zusammen mit der Mayonnaise servieren.

JUNGE MÖHREN AUS DEM OFEN

2 PERSONEN | 45 MINUTEN | VEGETARISCH

Das Einlegen von Knoblauch und Haselnüssen verleiht diesem Gericht sein besonderes Aroma und ist somit von großer Bedeutung. Für einen intensiveren Geschmack können Knoblauch und Haselnüsse auch wesentlich länger als 15 Minuten ziehen.

ZUTATEN

100 g Couscous
Salz
4 Knoblauchzehen
2 EL Weißweinessig
5 EL Rapsöl
2 EL Honig
25 g Haselnusskerne
500 g junge Möhren

ZUBEREITUNG

Für den Couscous ½ TL Salz mit 250 ml kochendem Wasser vermengen und den Couscous anschließend ca. 20 Minuten darin quellen lassen.

In der Zwischenzeit den Knoblauch schälen, hacken und zusammen mit Weißweinessig, Rapsöl und Honig in eine kleine Schüssel geben. Die Haselnüsse ebenfalls hacken und hinzugeben. Gut vermengen und 15 Minuten ziehen lassen, sodass die Haselnüsse den Geschmack der Marinade aufnehmen können. Den Ofen auf 200 °C (Ober-/Unterhitze) vorheizen. Die Möhren gründlich waschen und je nach Größe der Länge nach halbieren oder vierteln.

Nun den Couscous auf einem mit Backpapier ausgelegten Backblech ausbreiten und die Möhren dazulegen. Anschließend die Knoblauch-Haselnuss- Marinade darübergeben. Das Blech in den vorgeheizten Ofen schieben und 20 Minuten backen, bis der Couscous eine goldbraune Kruste am Rand entwickelt.

RÜBLIKUCHEN

1 KASTENFORM (25 x 10 cm) | ca. 1 STUNDE
VEGETARISCH

Ein Kuchen, der wie gemacht für den Frühling ist. Besonders zur Osterzeit macht sich Rüblikuchen ideal auf dem Teller. Möhren, Haselnüsse und Honig sind hier die wichtigsten Bestandteile, um dem beliebten Klassiker seinen charakteristischen Geschmack zu verleihen.

ZUTATEN

Für den Teig
150 g Butter
100 g Zucker
4 Eier (Größe M)
400 g Möhren
250 g Mehl (Type 405)
1 Pck. Backpulver
25 g Haselnusskerne
50 g Honig
200 g Schmand

Für die Streusel
50 g Butter
50 g Zucker
100 g Haferflocken
Salz

ZUBEREITUNG

Für den Teig die Butter mit dem Zucker vermengen und schaumig schlagen. Die Eier aufschlagen, Eigelb von Eiweiß trennen und das Eigelb Stück für Stück zur Butter-Zucker-Masse unter ständigem Rühren hinzufügen. Anschließend die Möhren waschen, putzen und fein reiben. Danach die Möhren zum Teig hinzugeben. Nun das Mehl mit dem Backpulver versieben und nach und nach zum restlichen Teig hinzugeben und verrühren. Die Haselnüsse hacken, mit Honig und Schmand vermengen und zum Teig geben. Das Eiweiß in einer Schüssel aufschlagen, den Eischnee unter den Teig heben. Den Ofen auf 175 °C (Umluft) vorheizen.

Eine mittlere Kastenform einfetten, bemehlen und den Kuchenteig hineingeben.

Für die Streusel Butter, Zucker, Haferflocken und 1 Prise Salz grob verkneten. Den Streuselteig über dem Kuchenteig in der Kastenform verteilen. Den Kuchen nun für 45 Minuten auf mittlerer Schiene im heißen Ofen backen.

KARTOFFELSALAT

4 PERSONEN | 45 MINUTEN | VEGETARISCH

In den späten Frühlings- und frühen Sommermonaten ist dieser Kartoffelsalat ein absolutes Highlight! Seit langer Zeit wird er von meiner Oma liebevoll zubereitet und ist ein echter Klassiker in der Familienküche. Früher mit Mandarinen und Schinkenwurst serviert, kommt er heute in einer unschlagbar leckeren, vegetarischen Variante mit selbst gemachter Mayonnaise daher.

ZUTATEN

Für die Kartoffeln

500 g mehligkochende Kartoffeln

3 Zweige Liebstöckel

Salz

3 Frühlingszwiebeln

Pfeffer

Zucker

3 EL Tafelessig

3 hartgekochte Eier (Größe M; nach Belieben)

6 Kirschtomaten (nach Belieben)

Für die Mayonnaise

1 Ei (Größe M)

100 ml Sonnenblumenöl

1 ½ TL mittelscharfer Senf

ZUBEREITUNG

Die Kartoffeln und den Liebstöckel waschen und zusammen 25–30 Minuten in einem Topf mit Salzwasser kochen. Währenddessen das Ei zusammen mit Öl und Senf pürieren, sodass eine Mayonnaise entsteht.

Die Frühlingszwiebeln waschen und in feine Ringe schneiden. Die gekochten Kartoffeln abschrecken, pellen und in Scheiben schneiden. Diese Scheiben großzügig mit Pfeffer, Salz, etwas Zucker sowie dem Essig und 6 EL Wasser in einer Schüssel vermengen. Zum Schluss die Mayonnaise sowie die Frühlingszwiebeln hinzugeben und unter den Salat heben.

Nach Belieben können zu diesem Salat auch hart gekochte Eier und halbierte Kirschtomaten serviert werden.

KARTOFFEL-SALATSAUCE

15 MINUTEN | VEGAN

Diese Sauce gehört definitiv zu den Dingen, die bei uns nie im Kühlschrank fehlen dürfen. Nicht nur für Salatgrün, wie Rucola oder Feldsalat, sondern auch für manch warmes Gericht lässt sie sich universell benutzen.

ZUTATEN

3 Frühlingszwiebeln
1–2 kalte, gekochte Pellkartoffeln
100 ml Tafelessig
1 EL Zucker
½ Bund Petersilie
½ Bund Schnittlauch
½ Bund Dill
Salz
Pfeffer
3 EL Rapsöl

ZUBEREITUNG

Die Frühlingszwiebeln waschen und in feine Ringe schneiden. Die gekochten Kartoffeln pellen, mit einer Gabel zerdrücken und die Zwiebeln hinzugeben. Essig, Zucker und 100 ml Wasser hinzugeben. Petersilie, Schnittlauch und Dill waschen, trocken schütteln, hacken und unter die Sauce mischen. Mit ½ TL Salz und etwas Pfeffer abschmecken. Zum Schluss das Öl hinzugeben und die Salatsauce gut verquirlen.

Tipp

Natürlich lässt sich diese Sauce auch mit frisch gekochten Kartoffeln zubereiten. In gesalzenem Wasser kochen, bis sie gar sind, und abkühlen lassen, bevor sie weiterverarbeitet werden.

KOHLRABI-ERBSEN-SUPPE

4 PERSONEN | 40 MINUTEN | VEGAN

Erste Erfahrung mit Erbsen hat meine Oma in ihrer Lehre gemacht. In einem Selbstversorgergarten musste sie diese Ernten und döppen (von ihrer Hülse befreien), bevor sie weiterverarbeitet werden konnten. Heute kauft man Erbsen zum Glück bereits ohne Hülse. Dadurch geht das Kochen schneller und einfacher.

ZUTATEN

500 g Kohlrabi
½ Apfel (ca. 40 g)
½ Bund Frühlingszwiebeln
2 EL Rapsöl
Salz
Pfeffer
150 g TK-Erbsen
500 ml Gemüsebrühe
½ TL mittelscharfer Senf
1 Msp. Muskat
1 TL Apfelessig

ZUBEREITUNG

Für die Suppe den Kohlrabi und den Apfel in ca. 1 cm große Würfel schneiden. Die Frühlingszwiebeln in feine Scheiben schneiden und zusammen mit Rapsöl sowie etwas Salz und Pfeffer in einem großen Topf scharf anbraten. Kurz danach die Erbsen, den Kohlrabi und den Apfel hinzugeben. Nach 2–3 Minuten mit der Gemüsebrühe ablöschen und den Senf hinzugeben. Nun sollte die Suppe ca. 25 Minuten kochen, bis das Gemüse gar ist.

Zum Schluss die Kohlrabi-Erbsen-Suppe pürieren und mit Muskat, Apfelessig, Salz und Pfeffer abschmecken.

PASTA PRIMAVERA

2 PERSONEN | 30 MINUTEN | VEGETARISCH

Als Kind war ich großer Fan von Nudeln mit Brokkolisauce. Heutzutage bereiten wir dieses Rezept etwas abwechslungsreicher zu und verleihen ihm durch Erbsen und Pak Choi eine frühlingshafte Note.

ZUTATEN

1 Pak Choi (ca. 150 g)
250 g Brokkoli
2 Knoblauchzehen
4 Frühlingszwiebeln
150 g TK-Erbsen
Rapsöl
Salz
Pfeffer
200 g Rigatoni
250 ml Gemüsebrühe
200 g Schmand
Saft von ½ Zitrone

ZUBEREITUNG

Pak Choi und Brokkoli waschen, die einzelnen Lagen bzw. Röschen voneinander trennen und je nach Wunsch klein schneiden. Den Knoblauch schälen und hacken. Die Frühlingszwiebeln waschen, putzen und in feine Ringe schneiden. Brokkoli, Frühlingszwiebeln, Knoblauch und Erbsen in eine große Pfanne geben und mit einem Schuss Öl sowie etwas Salz und Pfeffer anbraten. Anschließend die Nudeln zusammen mit 250 ml Gemüsebrühe hinzugeben und in der Pfanne bei geschlossenem Deckel 15 Minuten kochen lassen. Sobald die Nudeln al dente sind, den Schmand und den Zitronensaft hinzufügen und gut vermengen. Zum Schluss den Pak Choi zu den Nudeln geben und kochen, bis er zusammenfällt.

SPARGEL-DINKELFLADEN

2 PERSONEN | 30 MINUTEN | VEGETARISCH

ZUTATEN

Für den Teig
150 g Dinkelmehl (Type 630)
90 g Joghurt
3 EL Rapsöl
Salz
1 Msp. Backpulver

Für den Belag
300 g grüner Spargel
1 Zwiebel (ca. 50 g)
2 TL Butter
1 TL Rohrzucker
80 g TK-Erbsen
Salz
Pfeffer
100 g Schmand
Kresse (nach Belieben)
Zitronensaft

ZUBEREITUNG

Für die Fladen Mehl, Joghurt, Öl, ½ TL Salz und Backpulver zu einem Teig verkneten und in sechs gleich große Portionen teilen. Diese Portionen dünn ausrollen und in einer großen Pfanne mit etwas Öl ausbacken.

Für den Belag den Spargel waschen und die holzigen Enden abschneiden. Die Zwiebel schälen und in Ringe schneiden. Die Butter in einer Pfanne erhitzen, Zwiebeln und Spargel mit dem Zucker darin anbraten. Die Erbsen mit einem Schuss Wasser in die Pfanne geben und ordentlich mit Salz sowie Pfeffer würzen. Den Schmand mit Kresse, Salz und Pfeffer abschmecken, zum Schluss mit einem Spritzer Zitronensaft abrunden. Nun die Fladen mit dem Schmand bestreichen und mit Spargel und Erbsen belegen.

Tipp

Dieses Rezept lässt sich auch im Winter zubereiten. Die Alternative für den Spargel bildet hier die Schwarzwurzel. Grünes, wie Grünkohl aus der Saison, rundet das neue Rezept perfekt ab.

Mit diesem Gemüse lassen sich aber auch viele weitere Spargelgerichte kochen.

RHABARBERSORBET MIT HAFERBRÖSELN

2 PERSONEN | 3 ½ STUNDEN | VEGAN

ZUTATEN

Für das Sorbet
250 g Rhabarber
75 g Zucker
1 EL Zuckerrübensirup

Für die Brösel
20 g Haferflocken
10 g Margarine
15 g Zucker

ZUBEREITUNG

Eine Metallschüssel für das Sorbet in das Eisfach stellen.

Den Rhabarber waschen und in kleine Stücke schneiden. Danach zusammen mit dem Zucker und dem Sirup in 250 ml Wasser geben und ca. 10 Minuten bei geschlossenem Topf kochen, bis der Rhabarber zerfällt. Nun die Masse pürieren und anschließend abkühlen lassen. Sobald die Masse deutlich abgekühlt ist, wird sie unter stetigem Rühren in die kalte Metallschüssel gegeben und für 3 Stunden ins Eisfach gestellt. Das Sorbet wird dabei alle 30 Minuten einmal durchgerührt, damit es nicht kristallisiert.

Die Haferflocken mit Margarine und Zucker in eine kleine Schüssel geben. Alles vermengen und anschließend in einer Pfanne rösten, bis sich eine goldbraune Kruste entwickelt. Die Streusel zum Sorbet servieren.

OMAS GESCHICHTEN

„Die Hühner habe ich sehr oft gefüttert. Nachmittags ging es immer in den Hühnerstall. Dort durfte ich die frischen Eier aufsammeln, die später zu verschiedensten Gerichten verarbeitet wurden."

SPARGELSUPPE

4 PERSONEN | 30 MINUTEN | VEGETARISCH

Da es in unserem Ort schon lange einen Spargelbauern gibt, landet bei uns im Frühjahr mindestens einmal pro Woche Spargel auf dem Tisch. Ob klassisch mit Sauce hollandaise und Kartoffeln oder in Form dieser Suppe. Jedes Jahr aufs Neue freue ich mich auf die Saison.

ZUTATEN

- 500 g grüner Spargel
- Salz
- 50 g + 1 EL Butter
- 50 g Mehl (Type 405)
- 250 ml Milch
- Muskatnuss (nach Belieben)
- Saft von 1 Zitrone (nach Belieben)
- Salz
- Pfeffer
- 1 TL Rohrzucker

ZUBEREITUNG

Den Spargel waschen und die holzigen Enden entfernen. Dann den Spargel in Stücke schneiden und in 1 l Salzwasser ca. 7 Minuten kochen. Anschließend den gekochten Spargel abschöpfen, das Wasser in ein separates Gefäß geben und beiseitestellen. In einem Topf nun 50 g Butter anschwitzen, nach und nach unter ständigem Rühren das Mehl hinzugeben, dann schlückchenweise die Milch in die Mehlschwitze gießen, verquirlen und aufkochen lassen.

Das Spargelwasser hinzufügen und die Suppe mit Muskatnuss und Zitronensaft abschmecken. Bei Bedarf mit Salz und Pfeffer würzen. Die restliche Butter in einer Pfanne erhitzen und darin die Spargelstücke mit dem Rohrzucker scharf anbraten. Zum Schluss die Spargelstücke zur Suppe geben.

Tipp

Eine super Idee in der Spargelsaison, um auch das Wasser, in dem der Spargel gekocht wird, zu verwerten. Selbst wenn ihr den Spargel anderweitig verwendet, lässt sich aus dem Wasser eine leckere Suppe ohne Einlage kreieren!

ERDBEER-SPARGEL-SALAT

4 PERSONEN | 25 MINUTEN | VEGAN

ZUTATEN

Für den Spargel
500 g grüner Spargel
4 EL Rapsöl
Salz
1 TL Zucker
75 g Berglinsen
200 g Erdbeeren
3 Frühlingszwiebeln
150 g Schnittsalat
25 g Pinienkerne

Für das Dressing
3 Bärlauchblätter
2 EL Weißweinessig
4 EL Rapsöl
Salz
Pfeffer

ZUBEREITUNG

Für den Salat die unteren Enden des Spargels schälen und die Stangen vierteln. Zusammen mit Öl, 1 Prise Salz und Zucker in einer Pfanne anbraten, bis der Spargel etwas an Biss verliert.

Die Linsen in gut gesalzenem Wasser nach Packungsanweisung kochen, bis sie gar sind. Die Erdbeeren waschen, putzen und in gleichmäßig große Scheiben schneiden. Ebenso die Frühlingszwiebeln waschen und in feine Ringe schneiden.

Für das Dressing den Bärlauch waschen, trocken schütteln, fein hacken, mit Essig und Rapsöl sowie Salz und Pfeffer vermengen.

Den Spargel aus der Pfanne nehmen und zusammen mit Erdbeeren, Linsen und Frühlingszwiebeln in einer Schüssel vermengen. Den Schnittsalat waschen, trocken schleudern und untermischen. Die Pinienkerne in einer Pfanne rösten und mit dem Bärlauchdressing über den Salat geben.

GURKENSALAT

4 PERSONEN | 20 MINUTEN | VEGETARISCH

Einer der Salate, die zu verschiedensten Mahlzeiten bei uns auf dem Tisch landen. Schnell zubereitet, einfach und lecker. Ein wahrer Klassiker aus unserer Küche.

ZUTATEN

1 Salatgurke
Salz
Zucker
½ Eisbergsalat (ca. 250 g)
½ Bund Petersilie
½ Bund Dill
200 g Sahne
1 Msp. mittelscharfer Senf
2 EL Zitronensaft
Pfeffer

ZUBEREITUNG

Die Gurke waschen, in feine Scheiben hobeln und in einer Schüssel mit 2 Prisen Salz und etwas Zucker vermengen. Den Strunk des Eisbergsalats entfernen und den Salat in grobe Streifen schneiden. Danach den Salat waschen, trocken schleudern und zur Gurke geben.

Petersilie und Dill waschen, trocken schütteln und hacken. Die Sahne mit Senf und Zitronensaft vermengen. Dill, Petersilie und 1 TL Zucker hinzugeben. Das Sahnedressing über den Salat geben. Nach Belieben noch mit Salz und Pfeffer abschmecken.

ERDBEERPFANNKUCHEN MIT FELDSALAT

2 PERSONEN | 35 MINUTEN | VEGETARISCH

Ein vielseitiges Gericht, welches verschiedenste Kombinationen zulässt. Ob klassisch mit Apfel, Pflaumenkompott oder mit Erdbeeren und Feldsalat wie bei dieser Variante. Probiert euch aus!

ZUTATEN

Für den Teig

100 g Dinkelvollkornmehl

120 ml Milch

1 Ei (Größe M)

2 TL Zucker (nach Belieben)

Für den Belag

50 g Erdbeeren

1 TL Honig

15 g Walnusskerne

30 g Feldsalat

ZUBEREITUNG

Für die Pfannkuchen das Mehl zusammen mit Milch und Ei verquirlen. Den Teig anschließend etwas ruhen lassen, damit das Mehl quellen kann. Wer mag, kann für etwas mehr Süße 2 TL Zucker hinzugeben. Aus dem Teig lassen sich nun drei bis vier Pfannkuchen backen.

Die Erdbeeren waschen, putzen, halbieren und in der Pfanne mit etwas Honig und den Walnüssen karamellisieren.

Den Feldsalat gut waschen und abtropfen lassen. Nun lassen sich die Pfannkuchen einfach mit den Erdbeeren, den Walnüssen sowie dem Feldsalat garnieren.

SOMMER

DAMPFNUDELN MIT ERDBEERKOMPOTT

8 DAMPFNUDELN (in einer Auflaufform) | 2 STUNDEN
VEGETARISCH

Ein Rezept, welches meine Oma schon in ihrer Ausbildung zur Hauswirtschafterin gekocht hat. „Jeden Samstag gab es diese Dampfnudeln." Das Rezept kann sie deshalb auch heute noch auswendig. Sie schmeckten ihr so gut, dass sie während dieser Zeit sogar ein wenig zugenommen hat.

ZUTATEN

Für den Teig

250 ml Milch
½ Würfel frische Hefe
3 EL Zucker
1 Ei (Größe M)
500 g Dinkelmehl (Type 630)
Salz
75 g Butter

Für das Kompott

500 g Erdbeeren
80 g Zucker
1 TL Apfelessig

Außerdem

40 g Butter
250 ml Milch
1 EL Zucker

ZUBEREITUNG

Für den Teig die Milch lauwarm erwärmen. Die Hefe in einem Teil der Milch auflösen und etwas Zucker hinzugeben. Die restliche Milch mit dem Ei verquirlen und zur Hefemilch geben. Nun das Dinkelmehl mit dem restlichen Zucker und 1 Prise Salz vermengen. Anschließend die Milch zum Mehl geben, den Teig gut durchkneten und an einem warmen Ort 60 Minuten gehen lassen.

Für das Kompott die Erdbeeren waschen, putzen und vierteln, dann mit Zucker und Apfelessig in einen Topf geben. Aufkochen und bei mittlerer Hitze köcheln lassen. Den Ofen auf 175 °C (Umluft) vorheizen.

Sobald der Teig sein Volumen deutlich vergrößert hat, kann er weiterverarbeitet werden: Den Teig in sieben bis acht gleich große Portionen teilen. Die Teiglinge ausrollen, mit je 1 EL Erdbeerkompott befüllen und zu Kugeln formen. Die gefüllten Teiglinge in eine Auflaufform geben und 15 Minuten ruhen lassen. Währenddessen die Butter in einem Topf bei niedriger Hitze schmelzen. Milch, flüssige Butter und Zucker vermengen und über die Teiglinge gießen. Die Dampfnudeln 30 Minuten im heißen Ofen backen.

Tipp

Vanillesauce oder Schlagsahne sind eine ideale Ergänzung zu den warmen Dampfnudeln.

MASCARPONE-EIS MIT GEBACKENEN ERDBEEREN

2 PERSONEN | ca. 4 STUNDEN | VEGETARISCH

ZUTATEN

Für das Eis
250 g Mascarpone
50 g Honig
2 EL Haselnusskerne

Für die Erdbeeren
150 g Erdbeeren
3 EL Holunderblütensirup

ZUBEREITUNG

Für das Eis den Mascarpone in eine Schüssel geben und mit dem Honig verrühren, sodass eine homogene Masse entsteht. Die Haselnüsse sehr fein hacken und unter die Masse heben. Dann die Mascarponecreme für 3–4 Stunden ins Gefrierfach stellen, dabei alle 30 Minuten umrühren, sodass sich keine Eiskristalle bilden. Dies sollte so oft wiederholt werden, bis das Eis gefroren ist und die gewünschte Konsistenz hat.

Für das Topping die Erdbeeren waschen, putzen und vierteln. Den Holunderblütensirup in einen kleinen Topf geben und erhitzen. Anschließend die Erdbeeren dazugeben und bei geschlossenem Topf auf mittlerer Hitze köcheln lassen, bis die Erdbeeren langsam zerfallen. Die Erdbeeren aus dem Topf nehmen und zusammen mit dem Eis servieren.

TOMATENSUPPE

2 PERSONEN | 45 MINUTEN | VEGAN

Sobald die ersten Tomaten aus unseren Beeten geerntet werden können, ist es Zeit für diese Suppe. Die sonnengereiften, aromatischen Tomaten verleihen diesem Gericht seinen fruchtigen Geschmack.

ZUTATEN

750 g Tomaten
1 Gemüsezwiebel
Salz
5 EL Sonnenblumenöl
1 EL Rohrzucker
2 Knoblauchzehen
500 ml Gemüsebrühe
Pfeffer
1 TL Weißweinessig
Zucker (nach Belieben)
½ Bund Basilikum

ZUBEREITUNG

Den Ofen auf 200 °C (Ober-/Unterhitze) vorheizen. Die Tomaten waschen, putzen und halbieren. Die Zwiebel schälen, vierteln und die einzelnen Lagen voneinander trennen. Tomaten und Zwiebel auf einem mit Backpapier ausgelegten Backblech verteilen und mit 2 TL Salz, Sonnenblumenöl und Rohrzucker würzen. Auf der mittleren Schiene im heißen Ofen ca. 20 Minuten backen.

Das Gemüse aus dem Ofen holen und etwas abkühlen lassen, sodass die Haut der Tomaten abgezogen werden kann. Den Knoblauch schälen, hacken und gemeinsam mit den geschälten Tomaten und der Zwiebel in einen Topf geben. Mit Gemüsebrühe aufgießen und die Suppe zum Kochen bringen. Anschließend pürieren und mit Salz, Pfeffer, Weißweinessig und eventuell etwas Zucker abschmecken. Zum Schluss das Basilikum waschen, die Blätter von den Stielen zupfen und hacken. Zur Suppe geben und abschmecken.

KREUZBLÜTLER-GEMÜSE AUS DEM OFEN

2 PERSONEN | 40 MINUTEN | VEGAN

ZUTATEN

250 g Blumenkohl
250 g Romanesco
250 g Brokkoli
1 Bund Frühlingszwiebeln
2 EL Sonnenblumenkerne
1 EL kernige Haferflocken
2 EL Weißweinessig
3 EL Rapsöl
1 EL Zuckerrübensirup
Salz (nach Belieben)
Pfeffer (nach Belieben)

ZUBEREITUNG

Den Ofen auf 200 °C (Ober-/Unterhitze) vorheizen. Die einzelnen Röschen vom Blumenkohl, Romanesco sowie dem Brokkoli abzupfen, gründlich waschen und in eine große Schüssel geben.

Die Frühlingszwiebeln waschen und putzen, anschließend in kleine Scheiben schneiden und zusammen mit Sonnenblumenkernen und Haferflocken zum Gemüse geben. Weißweinessig, Rapsöl und Zuckerrübensirup zugeben und alles gut miteinander vermengen.

Nun das Gemüse auf einem mit Backpapier ausgelegten Blech verteilen und auf der mittleren Schiene ca. 25 Minuten im heißen Ofen backen.

BOHNEN-BOLOGNESE

4 PERSONEN | 40 MINUTEN | VEGAN

Früher als klassische Bolognese mit Fleisch wird sie bei uns heute als vegane Variante mit verschiedenen Bohnensorten serviert. Im Sommer ein sehr frisches und leichtes Gericht.

ZUTATEN

250 g Stangenbohnen
1 Gemüsezwiebel
2 Knoblauchzehen
200 g Möhren
100 g Stangensellerie
350 g Spaghetti
Salz
250 g weiße Bohnen (Dose)
2 EL Olivenöl
2 EL Tomatenmark
Pfeffer
300 ml Gemüsebrühe
400 g passierte Tomaten (Dose)
Basilikum
Thymian (nach Belieben)

ZUBEREITUNG

Für die Bolognese die Stangenbohnen putzen und in 1 cm große Stücke schneiden. Zwiebel und Knoblauch schälen und klein schneiden. Anschließend Möhren und Sellerie waschen und fein würfeln.

Die Spaghetti in 3,5 l Salzwasser kochen, bis sie gar sind. Dabei immer wieder umrühren. Abgießen.

Währenddessen das Gemüse, inklusive Stangen- und weißen Bohnen, in Olivenöl scharf anbraten. Das Tomatenmark hinzugeben und mit dem Gemüse vermengen. Ordentlich salzen und pfeffern. Anschließend mit der Brühe ablöschen und ca. 10–15 Minuten köcheln, bis die Bohnen gar sind. Nun die passierten Tomaten hinzugeben, genauso wie etwas frisches Basilikum und Thymian. Mit Salz abschmecken.

Die Spaghetti auf Teller verteilen und mit der Bohnen-Bolognese servieren.

OMAS GESCHICHTEN

„Bei der ersten Heuernte des Jahres entdeckte mein Vater beim Mähen ein verlassenes Rehkitz und brachte es mit nach Hause. Dem Kitz ging es nicht sonderlich gut und es musste aufgepäppelt werden. Also übernahm ich die Fütterung und Pflege des kleinen Kitzes. Über mehrere Monate hinweg versorgte ich es sowohl mit der Flasche als auch später mit frisch gemähtem Gras. Das Reh lebte während dieser Zeit zusammen mit den Kühen in einem großen Stall. Man könnte fast sagen, sie lebten zu der Zeit in einer Wohngemeinschaft.“

HEIDELBEERGRIESSBREI

1 PERSON | 20 MINUTEN | VEGETARISCH

ZUTATEN

250 ml Milch
2 TL Zucker
30 g Grieß
250 g Heidelbeeren
3 TL Honig
1 TL Butter
1 EL Haferflocken

ZUBEREITUNG

Für den Grießbrei die Milch mit dem Zucker aufkochen und den Grieß unter Rühren zur kochenden Milch geben. Den Grießbrei bei mittlerer Hitze bis zur gewünschten Konsistenz quellen lassen. Dabei immer wieder umrühren.

Die Heidelbeeren zusammen mit 2 TL Honig und einem Schuss Wasser in einer Pfanne blanchieren, sodass sie ihren Saft verlieren. Danach aus der Pfanne nehmen und in derselben Pfanne mit Butter und dem restlichen Honig die Haferflocken anrösten, bis sie braun werden. Alles zusammen jeweils auf einem Teller servieren.

WESTFÄLISCHE QUARKSPEISE

4 PERSONEN | 20 MINUTEN | VEGETARISCH

Ursprünglich wurde dieses Gericht bei uns mit eingemachten Kirschen gekocht. Seitdem wir aber einen kleinen Pfirsichbaum haben, gibt es ab und zu auch diese Variante. Durch die Süße der Pfirsiche schmeckt das Gericht leichter und lässt sich gut im Sommer genießen.

ZUTATEN

500 g Magerquark
9 EL Zucker
200 g Sahne
300 g Pfirsiche
2 TL Stärke
100 g Pumpernickel
50 g gehackte Haselnusskerne

ZUBEREITUNG

Quark und 5 EL Zucker in eine Schüssel geben und gut verrühren. Die Sahne aufschlagen und unter den Quark heben.

Die Pfirsiche schälen, entkernen und in gleichmäßig große Würfel schneiden. Diese nun mit 2 EL Zucker und 100 ml Wasser in einen kleinen Topf geben und zum Kochen bringen. Die Stärke mit 2 EL kaltem Wasser mischen und zu den Pfirsichen geben, sobald diese zu kochen beginnen. Unter ständigem Rühren den Topf vom Herd nehmen und die Masse auskühlen lassen.

Für die Pumpernickelschicht den Pumpernickel zerkleinern und zusammen mit den gehackten Haselnüssen und 2 EL Zucker in einer Pfanne anrösten. Sobald der Zucker karamellisiert, die Pfanne vom Herd nehmen und die Zutaten auf Tellern oder in einer großen Schüssel schichten.

SPITZKOHLSALAT

4 PERSONEN | 30 MINUTEN | VEGAN

Diesen Salat gibt es so in unserem Haushalt noch nicht sehr lang. Meine Oma hat ihn aus der Kur mitgebracht. Dort gab es ihn mit eingelegten Champignons. Wir genießen ihn aber am liebsten pur oder mit kleinen Apfelstückchen.

ZUTATEN

1 Spitzkohl (ca. 800 g)
Salz
1 Apfel (ca. 80 g)
Zucker
Pfeffer
2 EL Apfelessig
3 EL Rapsöl

ZUBEREITUNG

Für den Salat den Strunk des Spitzkohls entfernen und die Blätter in feine Streifen schneiden. Anschließend gründlich waschen und trocknen. Den Spitzkohl in eine Schüssel geben, 1 TL Salz hinzugeben und kräftig durchkneten, bis sich Flüssigkeit am Boden der Schüssel bildet. Den Apfel schälen, entkernen und in feine Würfel schneiden. Zum Spitzkohl geben und den Salat mit Salz, Zucker und Pfeffer würzen. Zum Abschluss Essig und Öl zugeben und den Salat gut durchmischen.

TOMATENSALAT

2–3 PERSONEN | 15 MINUTEN | VEGETARISCH

Diesen Salat habe ich bereits als Kind geliebt. Mit frischen, aromatischen Tomaten und einem guten Gouda schmeckt er unschlagbar gut.

ZUTATEN

450 g Tomaten nach Wahl
Zucker
2 Frühlingszwiebeln
50 g junger Gouda am Stück
½ Bund Schnittlauch
Pfeffer (nach Belieben)
Salz (nach Belieben)
2 EL Tafelessig
3 EL Rapsöl

ZUBEREITUNG

Die Tomaten waschen, abtrocknen und den Strunk entfernen. Anschließend in gleichmäßig dünne Scheiben schneiden und mit 2 Prisen Zucker in einer Schüssel vermengen.

Die Frühlingszwiebeln waschen, putzen und in feine Ringe schneiden. Den Gouda würfeln und den Schnittlauch waschen, trocken tupfen und hacken. Zwiebeln, Käse und Schnittlauch zu den Tomaten geben und den Salat mit Salz und Pfeffer würzen. Zum Schluss mit Essig und Öl abschmecken und gut durchmengen.

ROTE-BETE-BROT

1 BROT | 2 ½ STUNDEN | VEGETARISCH

Mit diesem Brot punktet ihr definitiv bei jedem Grillabend.
Allein die rote Farbe des Brotes ist ein richtiger Hingucker.

ZUTATEN

½ Würfel frische Hefe
250 g Rote Bete (vakuumiert)
2 EL Rapsöl
350 g Dinkelmehl (Type 630)
Salz
50 g Walnusskerne

ZUBEREITUNG

125 ml Wasser lauwarm erwärmen und die Hefe darin auflösen. Die Rote Bete in feine Würfel schneiden und pürieren. Das Püree nun zusammen mit dem Rapsöl zum Hefewasser geben. Das Mehl mit 1 TL Salz mischen und anschließend mit den flüssigen Zutaten zu einem Teig verkneten.

Den Teig nun gute 2 Stunden an einem warmen Ort ruhen lassen. Am besten eignet sich dazu der Ofen, der kurz auf 50 °C erwärmt wird. Danach den Teig in den Ofen stellen und bei leicht geöffneter Tür ruhen lassen. Diese kann z. B. mit einem Kochlöffel offen gehalten werden. Dadurch kann die Luft zirkulieren und so bleibt es im Ofen nicht zu warm.

Nach 2 Stunden den Teig aus dem Ofen holen und den Ofen auf 200 °C (Umluft) vorheizen. Den Teig erneut kneten. Dabei werden die Walnüsse Stück für Stück hinzugegeben und eingeknetet. Zum Schluss den Teig zu einem Brot formen und den Teigling mittig von oben mit einem scharfen Messer einschneiden.

Das Brot 30 Minuten im heißen Ofen backen, bis es eine dunkle, rötliche Färbung bekommt.

KÄSEKUCHEN MIT STACHELBEEREN

1 SPRINGFORM (Ø 24 cm) | 3 ½ STUNDEN
VEGETARISCH

Leicht, fruchtig und erfrischend. Dieser Käsekuchen ist perfekt für die heißen Sommermonate. Auch für alle Backfaulen ist der Kuchen etwas, da dieser ausschließlich im Kühlschrank steht.

ZUTATEN

Für den Boden

100 g Butter

3 EL Zuckerrübensirup

175 g zarte Haferflocken

25 g Leinsamen

Für die Füllung

1 Glas gezuckerte Stachelbeeren (Füllgewicht 680 g)

4 EL Rohrzucker

3 EL Stärke

Für die Quarkmasse

500 g Magerquark

100 g weiche Butter

400 g Ricotta

75 g Puderzucker

ZUBEREITUNG

Die Butter in einem Topf bei niedriger Hitze schmelzen. Die flüssige Butter zusammen mit dem Zuckerrübensirup, den Haferflocken sowie den Leinsamen vermengen. Den Boden der Springform mit einem Backpapier auslegen und die Masse auf dem Boden andrücken.

Für die Obstfüllung die Stachelbeeren abgießen und das Wasser dabei auffangen. 150 ml Stachelbeerwasser zusammen mit den Stachelbeeren und dem Rohrzucker in einem Topf aufkochen. Die Stärke mit 3 EL Stachelbeerwasser verrühren und hinzugeben, sobald die Stachelbeeren kochen.

Kurz umrühren, dann den Topf vom Herd nehmen und die noch warme Füllung auf dem Kuchenboden verteilen. Etwas abkühlen lassen und danach in den Kühlschrank stellen.

Für die Quarkmasse den Quark in ein sauberes Küchentuch geben und ca. 100 ml Flüssigkeit herausdrücken. Anschließend den Quark in eine Schüssel füllen, die weiche Butter, den Ricotta sowie den Puderzucker dazugeben und verrühren. Die Quarkmasse nun als oberste Schicht auf den Kuchen streichen. Den Kuchen mindestens 3 Stunden kalt stellen, damit die Obst- und Quarkmasse fest werden können.

BIRCHERMÜSLI

2 PERSONEN | ca. 8 STUNDEN | VEGETARISCH

Eine unkomplizierte Mahlzeit, die es bei uns sehr häufig gibt. Am Abend vorbereitet, lässt sich das Birchermüsli problemlos zum Frühstück genießen. Wer es cremiger mag, kann etwas Joghurt mit hohem Fettgehalt hinzugeben.

ZUTATEN

4 EL Haferflocken
1 EL Leinsamen
1 EL Rosinen
2 Äpfel
3 EL gemahlene Haselnusskerne
2 EL Honig
30 g Nusskerne nach Wahl
Joghurt (nach Belieben)

ZUBEREITUNG

Haferflocken, Leinsamen und Rosinen mit 150 ml Wasser mischen und im Kühlschrank 8 Stunden einweichen lassen. Dafür eignet sich idealerweise der Vorabend. So können die Haferflocken über Nacht einweichen.

Am nächsten Tag die beiden Äpfel waschen, entkernen und mit einer Gemüsereibe reiben. Die geriebenen Äpfel zusammen mit gemahlenen Haselnüssen und dem Honig unter die eingeweichten Haferflocken heben. Zum Schluss kann das Müsli noch mit gehackten Nüssen und nach Belieben mit Joghurt garniert werden.

GEFÜLLTE OFENTOMATEN

2 PERSONEN | 40 MINUTEN | VEGETARISCH

ZUTATEN

6 Stab- oder Fleischtomaten
100 g Spinat
Salz
50 g Sonnenblumenkerne
100 g Feta
1 TL Honig
4 EL Rapsöl
Pfeffer

ZUBEREITUNG

Die Tomaten waschen, die Oberseite der einzelnen Tomaten wie einen Deckel abschneiden und beiseitelegen. Das Fleisch der Tomaten als Bestandteil der Füllung auslöffeln und in ein Sieb geben. Die überschüssige Flüssigkeit aus dem Fruchtfleisch drücken und abgießen.

Für die weiteren Bestandteile der Füllung den Spinat waschen und in einem Topf mit gesalzenem Wasser blanchieren, abschöpfen und mit dem Tomatenfleisch in eine Schüssel geben. Den Feta klein schneiden und zusammen mit den Sonnenblumenkernen ebenfalls dazugeben. Alles mischen.

Den Backofen auf 200 °C (Umluft) vorheizen.

Die Füllung in die vorbereiteten Tomaten geben, bis sie bis zum Rand voll sind. Anschließend die Tomatendeckel wieder auf die Tomaten setzen.

Die fertig gefüllten Tomaten in eine Auflaufform legen. Honig und Rapsöl verquirlen, mit Salz und Pfeffer würzen und über den gefüllten Tomaten verteilen. Die Auflaufform im heißen Ofen ca. 20 Minuten backen, bis die Tomaten eine leichte Bräune entwickeln.

ARME RITTER MIT BLANCHIERTEN BROMBEEREN

2 PERSONEN | 25 MINUTEN | VEGETARISCH

Sobald ein paar Scheiben altes Brot übrig waren, gab es bei uns Arme Ritter. Paniert mit gemahlenen Haselnüssen und kombiniert mit blanchierten Brombeeren schmeckt diese Variante des Gerichts nicht nur süß, sondern auch nussig und fruchtig.

ZUTATEN

2 Eier (Größe M)
6 EL Milch
Zucker
2 Scheiben Brot vom Vortag
75 g gemahlene Haselnusskerne
3 EL Butter
250 g Brombeeren
2 TL Zuckerrübensirup
2 EL Schmand

ZUBEREITUNG

Die Eier mit der Milch und 2 Prisen Zucker verquirlen, bis der Zucker sich auflöst. In diese Ei-Milch-Mischung nun die beiden Brotscheiben legen. Sie sollten sich von beiden Seiten gut mit der Flüssigkeit vollsaugen, bis schließlich keine Flüssigkeit mehr vorhanden ist.

Als Nächstes das Brot von beiden Seiten mit gemahlenen Haselnüssen bemehlen. Butter in eine Pfanne geben und erhitzen. Sobald die Pfanne heiß ist, können die Brotscheiben darin gebraten werden. Dabei die Scheiben regelmäßig wenden, bis sich beide Seiten goldbraun färben. Währenddessen die Brombeeren waschen und trocken tupfen.

Sobald die Armen Ritter fertig sind, die Brombeeren mit Zuckerrübensirup und etwas Wasser in die heiße Pfanne geben. Bei geschlossenem Deckel einköcheln lassen, bis die Brombeeren zerfallen. Jetzt können die Armen Ritter mit dem Obst sowie jeweils 1 EL Schmand serviert werden.

KARTOFFELPUFFER MIT HOLUNDER-ÄPFELN

2–3 PERSONEN | 30 MINUTEN | VEGAN

Kartoffelpuffer gehören zu den Gerichten, die in der Küche meiner Oma ganz sicher nicht fehlen dürfen. Ein wichtiger Tipp von ihr: „Ich probiere immer den ersten ausgebackenen Puffer und würze eventuell mit Salz nach. Erst so bekommen sie den perfekten Geschmack“.

ZUTATEN

500 g festkochende Kartoffeln
1 Zwiebel
3 Eier (Größe M)
2 EL zarte Haferflocken
Salz
2 Äpfel (ca. 240 g)
4 EL Holunderblütensirup
Sonnenblumenöl
80 g Pflücksalat
Schnittlauch (nach Belieben)

ZUBEREITUNG

Die Kartoffeln schälen und mit einer Gemüsereibe grob reiben. Das überschüssige Wasser dabei abgießen. Die Zwiebel schälen, in feine Würfel schneiden und zu den Kartoffeln geben. Nun die Eier, die Haferflocken und ½ TL Salz hinzugeben. Den Teig gut vermengen.

Die Äpfel schälen und das Kerngehäuse herausschneiden. Die Äpfel halbieren, anschließend mit Holunderblütensirup in einen Topf geben und 10–15 Minuten köcheln lassen.

Reichlich Öl in einer Pfanne erhitzen. Mit einer Kelle Kleckse vom Kartoffelteig in die Pfanne geben und goldbraun ausbacken. Aus dem Teig lassen sich 7–8 gleich große Kartoffelpuffer backen.

Den Pflücksalat waschen und gleichmäßig auf zwei Teller verteilen. Kartoffelpuffer und die Äpfel darauf platzieren. Schnittlauch waschen, trocken schütteln, hacken und über den blanchierten Äpfeln verteilen.

Tipp

Da sich Äpfel bequem lagern lassen, ist dieses Gericht mit passendem Salat auch in der späteren Jahreszeit gut umsetzbar.

HERBST

DREIERLEI GEMÜSE MIT KÄSESAUCE

2 PERSONEN | 45 MINUTEN | VEGETARISCH

ZUTATEN

Für das Gemüse

250 g festkochende Drillinge
500 g Blumenkohl
5 EL Rapsöl
Salz
Pfeffer
250 g junge Möhren
2 EL Butter

Für die Sauce

150 ml Gemüsebrühe
200 g Schmand
75 g Gouda
Pfeffer
Muskat
Salz
½ Bund Petersilie

ZUBEREITUNG

Den Ofen auf 175 °C (Umluft) vorheizen. Die Drillinge und den Blumenkohl waschen und trocknen. Die einzelnen Röschen des Blumenkohls voneinander trennen und die Drillinge halbieren. Das Gemüse in eine Auflaufform geben und mit dem Rapsöl beträufeln. Anschließend ordentlich mit Salz und Pfeffer würzen und 25 Minuten im heißen Ofen backen.

Die Möhren waschen und halbieren. Mit Butter, Salz und Pfeffer in einer Pfanne ca. 8 Minuten anbraten und dabei stetig wenden.

Für die Käse-Kräuter-Sauce die Gemüsebrühe mit dem Schmand in einem Topf erhitzen. Den Gouda reiben und nach und nach zur Sauce hinzugeben. Mit Pfeffer, Muskat und Salz würzen. Danach gut verrühren.

Die Petersilie waschen, trocken schütteln, hacken und unter die Sauce rühren.

PFLAUMEN-PORRIDGE

2 PERSONEN | 20 MINUTEN | VEGETARISCH

Oma mochte Porridge als Kind nie so richtig. Ich dafür umso mehr. Vor allem im Herbst genieße ich es am liebsten mit saisonalem Obst.

ZUTATEN

80 g Haferflocken
1 EL Butter
3 TL Rohrzucker
400 ml Milch
1 EL Leinsamen
1 EL Zuckerrübensirup
4 Pflaumen

ZUBEREITUNG

Die Haferflocken mit der Butter und 1 TL Rohrzucker in einem Topf anrösten. Anschließend die Milch dazugeben und aufkochen, dann die Hitze reduzieren und weiter köcheln lassen. Die Leinsamen sowie den Zuckerrübensirup dazugeben und unterrühren.

Während das Porridge köchelt, die Pflaumen halbieren und mit 2 TL Rohrzucker in einer Pfanne karamellisieren. Sobald der Haferbrei die gewünschte Konsistenz besitzt, diesen in eine Schüssel geben und mit den Pflaumen sowie deren Saft garnieren.

GEBRATENER WEICHKÄSE AUF BIRNEN-RUCOLA-SALAT

2 PERSONEN | 35 MINUTEN | VEGETARISCH

ZUTATEN

Für den Salat
2 Birnen (ca. 160 g)
1 EL Rohrzucker
100 g Rucola
40 g Walnusskerne

Für den Käse
1 Ei (Größe M)
Salz
Pfeffer
150 g Weichkäse-Rolle
2 EL Mehl
50 g Semmelbrösel
Sonnenblumenöl

Für das Dressing
1 TL mittelscharfer Senf
1 TL Honig
2 EL Weißweinessig
3 EL Sonnenblumenöl
Salz
Pfeffer

ZUBEREITUNG

Die Birnen waschen, entkernen und achteln. Mit etwas Rohrzucker und Wasser in eine Pfanne geben und karamellisieren. Den Rucola waschen und trocken schütteln. Die Walnüsse hacken und zusammen mit dem Rucola in eine Schüssel geben. Anschließend die Birnen hinzufügen.

Für das Panieren des Weichkäses ein Ei aufschlagen und mit etwas Salz, Pfeffer sowie einem Schuss Wasser verquirlen. Den Weichkäse in sechs gleich große Stücke schneiden, diese bemehlen und anschließend im Ei wenden. Nun Semmelbrösel auf einem Teller verteilen und die einzelnen Stücke mit Semmelbröseln ummanteln. Die Käsescheiben nun mit etwas Öl in einer Pfanne anbraten, bis sie von beiden Seiten goldbraun sind.

Aus Senf, Honig, Essig und Öl ein Dressing anrühren und über den Salat geben. Mit Salz und Pfeffer würzen und vermengen. Den Salat auf zwei Teller verteilen und mit je drei Scheiben Weichkäse garnieren.

KASTEN-PICKERT

1 KASTENFORM (25 x 10 cm) | 2 STUNDEN | VEGAN

Ein klassisches Gericht aus unserer Region, welches schon die Mutter meiner Oma zubereitet hat und das es auch heute noch in unserer Familie gibt. Super zum Sonntagskaffee. Wer mag, kann die einzelnen Scheiben des Pickerts mit etwas Fett in einer Pfanne anbraten.

ZUTATEN

600 g Dinkelmehl (Type 630)
1 Würfel frische Hefe
50 g Zucker
250 ml Milch
750 g festkochende Kartoffeln
1 Ei (Größe M)
200 g Rosinen
Salz

ZUBEREITUNG

100 g Mehl in eine Schüssel geben, eine Mulde formen und die Hefe hineinbröseln. Mit 1 EL Zucker und 4 EL Milch zu einem Vorteig verrühren. 15 Minuten an einem warmen Ort ruhen lassen.

In der Zwischenzeit die Kartoffeln schälen und mit einer Gemüsereibe klein reiben. Anschließend in ein Küchentuch geben und auspressen, sodass die Kartoffeln einen Großteil ihres Wassers verlieren. Dann mit dem restlichen Zucker und der restlichen Milch sowie mit dem Ei, den Rosinen und ½ TL Salz zum Vorteig geben und verkneten. Den Teig 30 Minuten ruhen lassen, danach erneut kneten.

Die Kastenform einfetten und den Teig hineinlegen. 20 Minuten ruhen lassen, währenddessen den Backofen auf 175 °C (Umluft) vorheizen. Auf der zweiten Schiene von unten 45 Minuten im heißen Ofen backen.

OMAS GESCHICHTEN

„Dieses Rezept habe ich von meiner Mutter gelernt, die ursprünglich aus der Senne in Ostwestfalen stammte. Der Kasten-Pickert war bei uns im Herbst häufig eine beliebte Süßspeise. Meistens gab es ihn zum Sonntagskaffee, zu speziellen Anlässen, aber auch zum Abendbrot. Für mich und meine Geschwister war das dann immer etwas ganz Besonderes. Genossen haben wir den Pickert entweder mit Rübenkraut oder, wenn mein Onkel aus dem Rheinland uns etwas zuschickte, mit selbst gemachtem Apfelkraut."

PIZZA BIANCA MIT ROTER BETE

2 PERSONEN | 1 ½ STUNDEN | VEGETARISCH

Diese Pizza kommt ganz ohne Tomatensauce aus, schmeckt aber mindestens genauso lecker. Wir sind Rote-Bete-Fans und lieben diese Pizza dafür umso mehr.

ZUTATEN

Für den Teig

½ Würfel frische Hefe
Zucker
500 g Dinkelmehl (Type 630)
4 EL Rapsöl
Salz

Für den Belag

2 Rote Bete (ca. 150 g)
50 g Walnusskerne
100 g Rucola
200 g Hirtenkäse

ZUBEREITUNG

Die Hefe mit 1 Prise Zucker in 250 ml lauwarmem Wasser auflösen. Anschließend Mehl, Rapsöl und 1 TL Salz zum Hefewasser geben und zu einem homogenen Teig verkneten. Den Teig für mindestens 60 Minuten an einem warmen Ort ruhen lassen. Sobald der Teig sich deutlich vergrößert hat, kann er weiterverarbeitet werden.

In der Zwischenzeit die Rote Bete waschen, trocknen und in dünne Scheiben hobeln. Die Walnüsse grob hacken. Den Rucola waschen und abtropfen lassen.

Den Ofen auf 200 °C (Umluft) vorheizen. Den Teig kreisrund und ca. 1 cm dick ausrollen und auf ein mit Backpapier ausgelegtes Backblech geben. Nun zuerst die Rote Bete und anschließend Rucola und Walnüsse auf der Pizza verteilen. Zum Schluss den Hirtenkäse grob würfeln und gleichmäßig über der Pizza verteilen. Die Pizza gute 15 Minuten im heißen Ofen backen.

Tipp

Wer keine Rote Bete auf seiner Pizza mag, kann diese auch durch Kartoffeln ersetzen. Diese schmecken in Kombination genauso gut!

PILZSPÄTZLE

2 PERSONEN | 45 MINUTEN | VEGETARISCH

ZUTATEN

Für die Spätzle
250 g Dinkelmehl (Type 630)
2 Eier (Größe M)
Salz

Für die Pilzsauce
50 g Berglinsen
Salz
Pfeffer
250 g Pilze
2 Knoblauchzehen
2 EL Rapsöl
100 g Schmand
1 EL Weißweinessig
50 g Rucola

ZUBEREITUNG

Für die Spätzle Mehl, Eier, ½ TL Salz und 125 ml Wasser gründlich vermengen und 15 Minuten ruhen lassen. Einen großen Topf mit Salzwasser zum Kochen bringen, den Teig in eine Spätzlereibe geben und in das kochende Wasser reiben. Sobald die Spätzle oben schwimmen, abschöpfen. Einen Teil des Kochwassers abschöpfen und für die Sauce beiseitestellen.

Für die Sauce die Linsen in 500 ml Salzwasser ca. 20 Minuten kochen, dann abgießen. Währenddessen die Pilze putzen und je nach Größe halbieren oder vierteln. Den Knoblauch schälen und klein hacken. Knoblauch und Pilze nun mit etwas Rapsöl in eine große Pfanne geben und anbraten. Nachdem die Pilze an Volumen verloren haben, Schmand und Weißweinessig unterrühren und köcheln lassen. Den Rucola waschen, trocken schütteln und zusammen mit den Linsen unter die Sauce heben. Für ein besonders cremiges Ergebnis kann etwas Spätzlewasser hinzugefügt werden. Mit Salz und Pfeffer abschmecken.

Noch ein paar Minuten köcheln lassen, dann Sauce und Spätzle auf zwei Teller verteilen.

Tipp

Das Wasser beim Kochen von Spätzle sollte gesalzen werden, bis es wie Meerwasser schmeckt.

KÜRBISGULASCH

2–3 PERSONEN | 45 MINUTEN | VEGAN

ZUTATEN

300 g Hokkaido-Kürbis
200 g festkochende Kartoffeln
2 kleine Paprika
1 große rote Zwiebel
2 Knoblauchzehe
3 EL Rapsöl
2 Zweige Thymian
1 TL Zuckerrübensirup
2 EL Tomatenmark
600 ml Gemüsebrühe
1 Msp. mittelscharfer Senf
Salz
Pfeffer

ZUBEREITUNG

Für das Gulasch den Kürbis und die Kartoffeln schälen. Die Paprika waschen und putzen. Anschließend das Gemüse in gleichmäßig große Stücke schneiden. Die Zwiebel schälen, achteln und die einzelnen Lagen voneinander trennen. Den Knoblauch schälen und fein hacken.

In einem Topf mit etwas Öl den Knoblauch und die Zwiebeln zusammen mit Thymian, Zuckerrübensirup und Tomatenmark andünsten. Das restliche Gemüse hinzugeben und anbraten, dann mit der Gemüsebrühe ablöschen. Den Eintopf 25 Minuten köcheln lassen. Zum Schluss mit Senf sowie Salz und Pfeffer abschmecken.

ROTKOHL-BROTSALAT AUS DEM OFEN

2 PERSONEN | 40 MINUTEN | VEGETARISCH

ZUTATEN

Für den Salat
400 g Rotkohl
Salz
2 rote Zwiebeln
200 g Brot vom Vortag
200 g rote Weintrauben (kernlos)

Für das Dressing
1 EL Weißweinessig
1 TL Honig
1 TL mittelscharfer Senf
2 EL Rapsöl
Salz

ZUBEREITUNG

Den Rotkohl waschen und putzen, dann halbieren und in gleichmäßig große Streifen schneiden. Mit 1 TL Salz bestreuen, gut durchkneten, beiseitestellen und ziehen lassen.

Währenddessen die Zwiebeln schälen und in dünne Streifen schneiden. Das Brot oder Baguette in grobe, ca. 1 cm große Würfel schneiden. Nun die Weintrauben waschen, vom Strunk abzupfen und zusammen mit Rotkohl, Brot und Zwiebeln auf einem mit Backpapier ausgelegten Backblech gleichmäßig verteilen.

Den Ofen auf 175 °C (Umluft) vorheizen.

Für das Dressing den Essig mit Honig, Senf, Öl und 1 Prise Salz verrühren. Über den Salat geben, durchrühren und 15 Minuten im heißen Ofen backen. Nach ca. 8 Minuten die Zutaten auf dem Blech durchmengen, damit eine gleichmäßige Bräune entsteht.

PFLAUMENKUCHEN

1 BACKBLECH (ca. 30 x 40 cm) | 45 MINUTEN | VEGETARISCH

Dieser Kuchen ist bei der ganzen Familie sehr beliebt. Oft wird er sogar extra für den Sonntagskaffee gewünscht. Am liebsten mit selbst gemachter Vanillesauce oder Sahne. Da der Nachbar einen großen Pflaumenbaum und wir eine geräumige Kühltruhe haben, gibt es ihn glücklicherweise das ganze Jahr über.

ZUTATEN

200 g Butter
200 g Puderzucker
5 Eier (Größe M)
200 g Mehl (Type 405)
4 g Backpulver
Salz
1 kg Pflaumen
Rohrzucker (nach Belieben)

ZUBEREITUNG

Die Butter schaumig schlagen und dabei nach und nach den Puderzucker untersieben. Eigelb vom Eiweiß trennen. Eigelb, Mehl und Backpulver nach und nach zur Butter hinzugeben und unterrühren. Das Eiweiß mit 1 Prise Salz steif schlagen und vorsichtig unter den restlichen Teig heben.

Den Ofen auf 175 °C (Umluft) vorheizen. Die Pflaumen waschen, entkernen und halbieren. Den Teig auf ein Blech geben, gleichmäßig verteilen und die Pflaumen in den Teig drücken. Den Kuchen auf mittlerer Schiene 30 Minuten im heißen Ofen backen. Sobald der Kuchen goldbraun ist, aus dem Ofen nehmen und mit etwas Rohrzucker bestreuen.

OMAS GESCHICHTEN

„Als ich noch ein junges Mädchen war, gab es an unserem Haus einen wunderschönen Pflaumenbaum. Niemand außer mir traute sich, in seine Höhe zu klettern. Während der Herbstmonate hing der Baum schwer von den vielen Pflaumen, so groß wie kleine Äpfel. Dank einer Leiter, die mein Vater gehalten hatte, konnte ich selbst an die obersten Früchte gelangen. Auch zwischen den Zweigen konnte ich mich hindurchwinden, da ich mit meinen 15 Jahren noch leicht genug war, um in dem Pflaumenbaum zu stehen. Es war ein echtes Abenteuer, hoch oben in den Zweigen zu balancieren und die prallsten Pflaumen zu ernten.

Heute frieren wir frisch geerntete Pflaumen ein, aber damals wurde jede einzelne Pflaume sorgfältig verarbeitet. Über die Saison hinweg wurden unzählige Kuchen gebacken und eine große Menge an Pflaumen eingekocht, um sie über das ganze Jahr zu genießen.“

APFEL-WALNUSS-SCHNECKEN

9 SCHNECKEN | BACKFORM (20 x 25 cm)
ca. 1½ STUNDEN | VEGAN

ZUTATEN

Für den Teig
250 ml Milch
½ Würfel frische Hefe
50 g Zucker
50 g Margarine
75 g Apfelmark
550 g Mehl (Type 405)

Für den Belag
3 Äpfel (ca. 350 g)
100 g weiche Margarine
75 g Zuckerrübensirup
75 g Walnusskerne

ZUBEREITUNG

Für den Teig die Milch lauwarm erwärmen. Die Hefe und etwas Zucker in der Milch auflösen. Den restlichen Zucker mit der Margarine verrühren und anschließend zur Hefe-Milch-Mischung geben.

Das Apfelmark unter den Teig rühren. Nach und nach das Mehl zum flüssigen Teig geben und verkneten, sodass eine homogene Masse entsteht. Diesen Teig nun mindestens 1 Stunde ruhen lassen.

Den Backofen auf 175 °C (Umluft) vorheizen.

Für den Belag die Äpfel waschen, entkernen und in gleichmäßig dünne Scheiben hobeln. Die weiche Margarine zusammen mit Zuckerrübensirup zu einer Creme verrühren.

Den Hefeteig ca. 1 cm dick ausrollen und darauf die Zuckerrübenmasse verteilen. Die Apfelscheiben auf dem Teig auslegen, die Walnüsse hacken und über die Äpfel bröseln. Nun den Teig von der langen Seite aus aufrollen. Die Rolle in neun gleich große Stücke teilen und die Schnecken in einer Backform verteilen.

Zum Schluss die Schnecken 25 Minuten im heißen Ofen backen, bis sie goldbraun sind.

STRAMMER MAX MIT TOMATEN-PILZ-GEMÜSE

2 PERSONEN | 20 MINUTEN | VEGETARISCH

Ein schnelles Gericht und ein Klassiker der deutschen Küche. So auch bei uns. Anstatt mit geräuchertem oder gekochtem Schinken kommt dieser stramme Max aber mit einem Pilz-Tomaten-Gemüse daher.

ZUTATEN

200 g Champignons
200 g Tomaten
1 Knoblauchzehen
2 Schalotten
3 EL Butter
Salz
Pfeffer
½ Bund Petersilie
2 Eier
2 Scheiben Graubrot

ZUBEREITUNG

Die Pilze putzen und in feine Scheiben schneiden. Die Tomaten waschen und vierteln. Knoblauch und Schalotten schälen und fein hacken. 2 EL Butter in einer Pfanne erhitzen, Schalotten und Knoblauch darin bei mittlerer Hitze glasig dünsten. Die Pilze und Tomaten dazugeben und einige Minuten mitbraten. Mit Salz und Pfeffer würzen. Die Petersilie waschen, trocken schütteln und hacken. Die Hitze reduzieren und die Petersilie unter das Gemüse heben (etwas Petersilie für die Garnitur zurücklegen).

Die restliche Butter zusammen mit 1 Prise Salz in eine heiße Pfanne geben. Die Eier aufschlagen und in die Pfanne gleiten lassen. Mit dem Pfannenwender in Form bringen. Bei mittlerer Hitze garen, bis das Eiweiß die gewünschte Konsistenz erreicht hat.

Das Brot in der Pfanne rösten und mit dem Pilz-Tomaten-Gemüse sowie den Eiern belegen. Mit Petersilie garnieren.

SPINATKNÖDEL

2–3 PERSONEN | 45 MINUTEN | VEGAN

ZUTATEN

Für die Knödel
250 g Brot
100 ml Sahne
1 Zwiebel
½ Bund Petersilie
75 g Spinat
Salz
25 g Butter
2 Eier (Größe M)

Für die Sauce
400 g Hokkaido-Kürbis
2 EL Butter
100 ml Orangensaft
100 ml Sahne
½ TL Bohnenkraut
Salz
Pfeffer

ZUBEREITUNG

Das Brot in kleine Würfel schneiden. Mit der Sahne übergießen und einweichen lassen. Die Zwiebel schälen und in grobe Würfel schneiden. Petersilie und Spinat waschen, trocken schütteln und fein hacken. Petersilie, Spinat, ½ TL Salz und Butter zum Brot geben, die Eier hineinschlagen und gut durchmischen. Mit sauberen Händen die Zutaten zu einem Teig verkneten. Aus dem fertigen Teig ca. sechs Knödel formen, in kochendes Salzwasser geben und 20 Minuten kochen.

Den Kürbis schälen und in feine Würfel schneiden. Anschließend in einem Topf mit etwas Butter anbraten, mit Orangensaft ablöschen. Die Sahne hinzugeben und 15 Minuten kochen, bis der Kürbis butterweich ist. Den Kürbis mit Bohnenkraut, Salz und Pfeffer abschmecken.

Zusammen mit den Knödeln servieren.

ZWIEBELSUPPE

2 PERSONEN | 40 MINUTEN | VEGETARISCH

*Als junge Erwachsene hat meine Oma diese Suppe häufig auf Geburtstagen und Feiern von Freund*innen und Verwandten gegessen. Sie schmeckte damals wie heute und wärmt das Herz.*

ZUTATEN

200 g Gemüsezwiebeln
200 g rote Zwiebeln
2 Knoblauchzehen
50 g Butter
1 EL Rohrzucker
500 ml Gemüsebrühe
1 EL Weißweinessig
½ TL mittelscharfer Senf
Salz
Pfeffer
4 Scheiben Baguette
50 g Emmentaler

ZUBEREITUNG

Die verschiedenen Zwiebeln schälen, halbieren und in gleichmäßig dünne Streifen schneiden. Den Knoblauch schälen, hacken und zusammen mit den Zwiebeln in einem großen Topf mit Butter und Rohrzucker auf mittlerer Stufe anschwitzen. Sobald die Zwiebeln glasig sind, mit Gemüsebrühe ablöschen und 10 Minuten kochen. Dann mit Weißweinessig, Senf, Salz und Pfeffer würzen.

Den Ofen auf 175 °C (Umluft) vorheizen.

Das Baguette im Toaster oder in der Pfanne anrösten. Den Emmentaler mit einer Reibe reiben. Die Suppe auf zwei Teller aufteilen und mit je zwei Scheiben Baguette belegen. Den geriebenen Emmentaler gleichmäßig auf den beiden Tellern verteilen. Anschließend die beiden Teller für 10 Minuten in den Ofen stellen und den Käse goldbraun backen.

KÜRBISBROT

1 BROT | ca. 2 ½ STUNDEN | VEGAN

ZUTATEN

300 g Hokkaido-Kürbis
½ Würfel frische Hefe
200 g Mehl (Type 405)
Salz
300 g Dinkelmehl (Type 630)
50 g Sonnenblumenkerne
75 g Kürbiskerne

ZUBEREITUNG

Den Kürbis grob in kleine Stücke schneiden und in gut gesalzenem Wasser kochen, bis sie butterweich sind.

Währenddessen die Hefe in 150 ml Wasser auflösen und das Weizenmehl mit dem Hefewasser verrühren. Den Vorteig ca. 20 Minuten ruhen lassen.

Den gekochten Kürbis in ein Sieb geben und abschrecken. Danach stampfen und als Püree zusammen mit Dinkelmehl und 1 TL Salz zum Teig geben. Den Teig gut verkneten und noch einmal ca. 60 Minuten an einem warmen Ort gehen lassen. Sobald der Teig sein Volumen deutlich vergrößert hat, kann er weiterverarbeitet werden.

Den Backofen auf 175 °C (Umluft) vorheizen.

Nun die Sonnenblumen- und Kürbiskerne auf einer bemehlten Arbeitsfläche grob in den Teig kneten. Danach den Teig noch einmal 15 Minuten in einer bemehlten Schüssel ruhen lassen. Anschließend auf ein Backblech legen, seitlich der Mitte einritzen und 35 Minuten im heißen Ofen backen. Wer möchte, dass das Brot besonders fluffig wird, kann eine ofenfeste Schale mit etwas Wasser unten in den Backofen stellen.

GEMÜSESTRUDEL

2–3 PERSONEN | 45 MINUTEN | VEGETARISCH

ZUTATEN

150 g festkochende Kartoffeln
150 g Möhren
1 Gemüsezwiebel
Muskatnuss (nach Belieben)
Salz
Pfeffer
100 g Spinat
100 g Feldsalat
1 Pck. Blätterteig
200 g Schmand

ZUBEREITUNG

Die Kartoffeln und Möhren schälen und in kleine, gleich große Würfel schneiden. Die Zwiebel schälen und fein hacken. Das Gemüse in eine Schüssel geben und mit Muskat, Salz und Pfeffer würzen. Den Spinat und den Feldsalat waschen und in einem Topf mit wenig gesalzenem Wasser blanchieren. Sobald das Grün sein Volumen deutlich verloren hat, den Topf vom Herd nehmen und das Wasser abgießen.

Den Ofen auf 175 °C (Umluft) vorheizen.

Den Blätterteig auf einer bemehlten Arbeitsfläche ausrollen. Als Erstes mit dem Grün belegen und anschließend die Kartoffeln, Möhren und Zwiebeln auf dem Teig verteilen. Zum Schluss den Schmand darübergeben und mit Salz sowie Pfeffer gut würzen. Den Teig entlang der langen Seite einschlagen, die Enden verschließen und den Strufel mit der Naht nach unten auf ein mit Backpapier ausgelegtes Backblech stellen. Den Gemüsestrudel 30 Minuten im heißen Ofen backen.

WINTER

BROKKOLI-KÜRBIS-QUICHE

1 SPRINGFORM (Ø 26 cm) | 1 STUNDE | VEGETARISCH

Diese Quiche kommt in vielen Varianten auf den Tisch. Der Teig bildet die Basis und wird mit vielen verschiedenen Gemüsevariationen gefüllt. Die Kombination aus Brokkoli und Kürbis ist dabei nur eine von vielen.

ZUTATEN

Für den Teig

125 g Butter
7 g Salz
1 Ei (Größe M)
250 g Dinkelmehl (Type 630)

Für die Füllung

250 g Hokkaido-Kürbis
500 g Brokkoli
200 g Schmand
200 g Sahne
2 Eier (Größe M)
Salz
Pfeffer
100 g TK-Erbsen

ZUBEREITUNG

Den Ofen auf 175 °C (Umluft) vorheizen. Butter, Salz, Ei und Mehl zu einem Teig verkneten. Diesen kreisrund auf ca. 30 cm ausrollen und in eine Springform legen, sodass ein 4 cm hoher Rand entsteht. Den Teig 10 Minuten im heißen Backofen vorbacken.

Den Kürbis waschen, entkernen und in 1 cm dicke Streifen schneiden. Den Brokkoli waschen und die einzelnen Röschen vom Strunk entfernen. Den Strunk schälen und würfeln.

Schmand, Sahne und Eier verquirlen und mit Salz und Pfeffer würzen. Nun die Springform zuerst mit der Eimasse und anschließend mit Kürbis, Brokkoli und Erbsen befüllen. Die Quiche ca. 40 Minuten im heißen Ofen backen.

SCHWARZWURZEL-GALETTE

2 PERSONEN | 1 ½ STUNDEN | VEGETARISCH

Anfangs nicht besonders mit dem Gemüse vertraut, erklärte mir meine Oma, dass Schwarzwurzeln einst als der Spargel der armen Leute galten. Trotzdem schmecken sie genauso gut wie Spargel und sind im Winter saisonal verfügbar. Was könnte es Besseres geben, als zweimal im Jahr in den Genuss von Spargel zu kommen?

ZUTATEN

Für den Teig

100 g Dinkelmehl (Type 630)
1 TL Salz
50 g kalte Butter
1 Ei (Größe M)

Für den Belag

250 g Schwarzwurzeln
50 ml Tafelessig
100 g Grünkohl
25 g Haselnusskerne
200 g Schmand
1 TL mittelscharfer Senf
1 TL Honig
Salz
Pfeffer
2 EL Rapsöl

ZUBEREITUNG

Für den Teig Mehl, Salz, die kalte Butter und das Ei zu einer homogenen Masse verkneten. Den Teig 30 Minuten im Kühlschrank kalt stellen.

Eine Schüssel mit 2 l Wasser und dem Tafelessig bereitstellen. Die Schwarzwurzeln schälen, halbieren und zügig ins Essigwasser legen. Den Grünkohl waschen und von den Stängeln zupfen. Den Ofen auf 175 °C (Umluft) vorheizen.

Den Teig aus dem Kühlschrank holen und auf einer bemehlten Arbeitsfläche kreisrund auf ca. 27 cm Ø ausrollen. Die Haselnüsse grob hacken. Den Schmand mit Senf und Honig verrühren und mit Salz und Pfeffer abschmecken. Eine Hälfte des Schmands auf dem Teig verteilen. Dabei darauf achten, dass ein 2 cm breiter Rand frei bleibt, damit der Teig umgeschlagen werden kann. Nun den Schmand zuerst mit Grünkohl, dann mit Schwarzwurzeln belegen. Zum Schluss die Haselnüsse auf der Galette verteilen, bevor der restliche Schmand daraufgegeben wird. Den Rand der Galette einschlagen und mit etwas Rapsöl beträufeln. Die Galette 45 Minuten im heißen Ofen backen.

Tipp

Damit die Schwarzwurzeln nicht anlaufen, ist es wichtig, sie zusammen mit etwas Essig in Wasser zu legen. So laufen diese nicht an, während sie nicht verarbeitet werden.

STECKRÜBEN-GNOCCHI MIT ROSENKOHL

2 PERSONEN | 45 MINUTEN | VEGAN

ZUTATEN

Für die Gnocchi
150 g festkochende Kartoffeln
200 g Steckrüben
Salz
Schnittlauch
Petersilie
100 g Mehl (Type 405)

Für den Rosenkohl
200 g Rosenkohl
1 Zwiebel
1 Knoblauchzehe
3 EL Sonnenblumenöl
2 TL Zuckerrübensirup
Salz
Pfeffer

ZUBEREITUNG

Die Kartoffeln und die Steckrüben schälen, in kleine Würfel schneiden und in Salzwasser ca. 20 Minuten gar kochen, dann abgießen. Schnittlauch und Petersilie waschen, trocken schütteln und hacken. Die Kräuter zum Gemüse geben und dieses zerdrücken, bis eine breiige Konsistenz entsteht. Mehl hinzugeben und zu einem Teig verkneten. Den Teig zu einer langen dünnen Rolle ausrollen und in 3 cm breite Stücke schneiden. Diese Stücke mit einer Gabel eindrücken. Die Gnocchi nun in einem Topf mit Salzwasser aufkochen, bis sie oben schwimmen, dann mit einer Schaumkelle abschöpfen.

Den Rosenkohl waschen und halbieren. Die Zwiebel und den Knoblauch schälen, klein würfeln und mit 2 EL Sonnenblumenöl in einer Pfanne anbraten. Nach kurzer Zeit den Rosenkohl hinzufügen und ca. 2 Minuten braten. Mit etwas Wasser und Zuckerrübensirup ablöschen und den Deckel auf die Pfanne geben. Die Hitze etwas reduzieren. Nach 5 Minuten den Rosenkohl aus der Pfanne holen. Die Gnocchi mit 1 EL Öl in der Pfanne scharf anbraten. Mit je 1 Prise Salz und Pfeffer würzen und braten, bis sie goldbraun sind. Mit dem Rosenkohl servieren.

PASTINAKEN-EINTOPF

2 PERSONEN | 45 MINUTEN | VEGAN

ZUTATEN

2 Zwiebeln
2 Knoblauchzehen
200 g Möhren
300 g Pastinaken
250 g festkochende Kartoffeln
3 EL Rapsöl
Salz
1 EL Zuckerrübensirup
800 ml Gemüsebrühe
Pfeffer
1 Msp. mittelscharfer Senf
1 TL Apfelessig

ZUBEREITUNG

Die Zwiebeln schälen, achteln und die einzelnen Lagen voneinander lösen. Den Knoblauch schälen und klein hacken. Möhren, Pastinaken und Kartoffeln schälen und in gleichmäßig dicke Scheiben bzw. Würfel schneiden.

Nun die Zwiebeln zusammen mit dem Knoblauch in Rapsöl anbraten. ½ TL Salz und den Zuckerrübensirup dazugeben. Nach ein paar Minuten das restliche Gemüse hinzufügen und ebenfalls ein paar Minuten im Topf anbraten. Dann mit der Gemüsebrühe aufgießen und die Suppe ca. 30 Minuten köcheln lassen, bis das Gemüse gar ist. Am Ende mit Salz, Pfeffer, Senf und Apfelessig abschmecken.

Tipp

Für dieses Gericht lässt sich auch eine Menge an anderem Gemüse verwenden. Bei uns landen z. B. auch Erbsen, Brechbohnen, Sellerie, Kohlrabi oder Lauch im Eintopf. Das Rezept lässt sich also ganz nach persönlichem Geschmack oder vorhandenen Lebensmitteln verändern und anpassen.

STECKRÜBEN-EINTOPF

4 PERSONEN | 40 MINUTEN | VEGETARISCH

Dieses Gericht habe ich nicht nur als Kind geliebt. Auch heute schmeckt mir dieser Wintereintopf noch genauso gut! Damals gab es noch eine Wurst vom Metzger dazu – heute wird diese durch eine gute Scheibe Brot mit gesalzener Butter ersetzt. Das Gericht an sich war aber immer schon vegetarisch.

ZUTATEN

500 g festkochende Kartoffeln
500 g Steckrüben
1 Zwiebel
1 Stich Butter
Salz
Pfeffer
750 ml Gemüsebrühe
2 Nelken
3 Pimentkörner
1 Lorbeerblatt

ZUBEREITUNG

Die Kartoffeln und die Steckrüben schälen und in kleine Würfel schneiden. Die Zwiebel schälen, fein würfeln und zusammen mit etwas Butter in einem großen Topf anschwitzen. Mit ordentlich Salz und Pfeffer würzen. Anschließend Kartoffeln und Steckrüben hinzugeben und nach kurzem Anbraten das Gemüse mit der Brühe ablöschen. Nun den Eintopf für mindestens 25 Minuten köcheln lassen. Danach Nelken, Piment und Lorbeer hinzugeben, die Hitze etwas reduzieren und köcheln, bis das Gemüse butterweich ist. Anschließend die Gewürze aus dem Eintopf entfernen. Der Eintopf kann nun so gegessen werden. Wer es jedoch cremiger mag, kann das Gemüse auch gern noch etwas stampfen.

KARTOFFELFLADEN

2–3 PERSONEN | ca. 2 STUNDEN | VEGAN

ZUTATEN

Für den Teig

150 g gekochte Kartoffeln (festkochend)

½ Würfel frische Hefe

Zucker

350 g Dinkelmehl (Type 630)

3 EL Rapsöl

Salz

Für den Belag

1 Zwiebel

3 Frühlingszwiebeln

150 g Ricotta

1 EL Weißweinessig

100 g gekochte Kartoffeln (festkochend)

1 Bund Schnittlauch

1 Bund Petersilie

150 g Hirtenkäse

ZUBEREITUNG

Für den Teig die gekochten, geschälten Kartoffeln in einer Schüssel zerdrücken. Die Hefe in 150 ml lauwarmem Wasser auflösen. Das Hefewasser zusammen mit 1 Prise Zucker und dem Mehl zu den Kartoffeln geben. Öl und ½ TL Salz hinzufügen. Die Zutaten zu einem homogenen Teig verkneten. Den Teig nun mindestens eine Stunde an einem warmen Ort ruhen lassen.

Für den Belag die Zwiebeln und Frühlingszwiebeln schälen bzw. putzen und in feine Ringe schneiden. Den Ricotta mit dem Weißweinessig vermischen. Die gekochten Kartoffeln in Scheiben schneiden. Schnittlauch und Petersilie waschen, trocken schütteln und hacken.

Den Ofen auf 200 °C (Umluft) vorheizen.

Nun den Teig in sechs bis sieben gleich große Stücke teilen und handtellergroß ausrollen. Anschließend mit Ricotta bestreichen und die Petersilie sowie den Schnittlauch auf dem Ricotta verteilen. Als Nächstes mit Kartoffeln und den beiden Zwiebelsorten belegen. Den Hirtenkäse zum Schluss darüber zerbröseln. Für 25–30 Minuten im heißen Ofen backen, bis die Fladen goldbraun sind.

Tipp

Dieses Gericht lässt sich super mit übrig gebliebenen Kartoffeln vom Vortag kombinieren und ist somit auch eine gute Idee, um Reste zu verwerten.

ROSENKOHLGRATIN

2 PERSONEN | 45 MINUTEN | VEGAN

ZUTATEN

300 g Rosenkohl
200 g festkochende Kartoffeln
Salz
250 g Brie
1 Zwiebel
2 Knoblauchzehen
½ Bund Schnittlauch
½ Bund Petersilie
200 g Sahne
Pfeffer

ZUBEREITUNG

Den Ofen auf 200 °C (Umluft) vorheizen. Den Rosenkohl putzen und halbieren. Die Kartoffeln waschen, trocknen und mit einem Hobel in gleichmäßig dünne Scheiben schneiden. Anschließend die Kartoffelscheiben gut salzen. Den Brie ebenso in Scheiben schneiden. Die Zwiebel und den Knoblauch schälen, fein hacken und mit etwas Öl vermengen.

Nun in einer Auflaufform abwechselnd Brie, Rosenkohl und Kartoffeln schichten. Zwischen jeder Schicht gehackte Zwiebel und Knoblauch verteilen. Schnittlauch und Petersilie waschen, trocken schütteln und hacken. Die Kräuter zur Sahne geben und diese über das Gratin gießen. Bevor das Gratin in den Ofen kommt, mit Salz und Pfeffer würzen. Anschließend 20 Minuten im heißen Ofen backen.

LEINSAMENBROT

1 KASTENFORM (25 x 10 cm) | 3 ½ STUNDEN | VEGAN

ZUTATEN

200 g Leinsamen
½ Würfel frische Hefe
1 TL Zucker
400 g Dinkelvollkornmehl
Salz
100 g Sonnenblumenkerne

ZUBEREITUNG

500 ml Wasser aufkochen und über die Leinsamen gießen. Diese ca. 1 Stunde quellen lassen. Währenddessen die Hefe zusammen mit dem Zucker in 50 ml Wasser auflösen, dann mit Dinkelmehl und 1 TL Salz zu einem Teig verkneten. Den Hefeteig an einem warmen Ort für 45 Minuten ruhen lassen, bis er deutlich sein Volumen vergrößert hat. Nun die Leinsamen zum Teig geben, erneut durchkneten und 90 Minuten ruhen lassen.

Nachdem der Teig sein Volumen deutlich vergrößert hat, kann er nun weiterverarbeitet werden. Dazu die Sonnenblumenkerne zusammen mit etwas Mehl auf der Arbeitsfläche verteilen und grob in den Teig kneten. Den Teig noch einmal bemehlen und weitere 30 Minuten an einem warmen Ort gehen lassen.

Kurz bevor das Brot weiterverarbeitet wird, den Ofen auf 200 °C (Umluft) vorheizen. Das Brot in eine Kastenform legen und 40 Minuten im heißen Ofen backen.

Tipp

Je länger der Teig ruht, desto besser, denn durch eine längere Ruhezeit bekommt der Teig ein kräftigeres Aroma.

LAUCH-FLAMMKUCHEN

2 PERSONEN | 30 MINUTEN | VEGETARISCH

ZUTATEN

Für den Teig
250 g Dinkelmehl (Type 630)
2 EL Rapsöl
Salz

Für den Belag
1 Birne
1 Stange Lauch
1 Becher Schmand
200 g Feta
Salz
Pfeffer

ZUBEREITUNG

Für den Teig das Mehl zusammen mit 125 ml Wasser sowie Rapsöl und ½ TL Salz verkneten. Den Teig etwas ruhen lassen, damit er sich später besser verarbeiten lässt. Anschließend auf einem Backpapier ausrollen.

Den Ofen auf 200 °C (Umluft) vorheizen. Für den Belag die Birne waschen, trocknen und in dünne Scheiben hobeln. Genauso den Lauch waschen, trocknen und in feine Scheiben schneiden. Den Schmand auf dem Teig verteilen und als Nächstes die Birne und den Lauch auf den Flammkuchen legen. Zum Schluss den Feta über dem Flammkuchen zerbröseln. Den Flammkuchen mit Salz und Pfeffer würzen. Für ca. 15 Minuten im heißen Ofen goldbraun backen.

Tipp

Auch dieses Gericht gibt es bei uns in diversen Varianten. Der Teig sowie der Schmand als Basis bleiben immer gleich. Danach kann frei nach Geschmack belegt werden. Von Birne mit Lauch bis hin zu Camembert mit Preiselbeeren sind der Kreativität keine Grenzen gesetzt.

PALMKOHL-PASTA

2 PERSONEN | 35 MINUTEN | VEGAN

ZUTATEN

Salz
180 g Tagliatelle
250 g Palmkohl
1 Zwiebel
1 Knoblauchzehe
25 g Walnusskerne
3 EL Rapsöl
200 g Schmand
1 TL Weißweinessig
1 EL Honig

ZUBEREITUNG

Für die Pasta einen Topf mit 2 l Wasser aufsetzen und ordentlich salzen, sodass das Wasser nach Meerwasser schmeckt. Sobald es kocht, die Tagliatelle ins Wasser geben und nach Packungsanweisung garen.

Währenddessen den Palmkohl waschen, trocken schütteln und die Blätter von den Strünken abzupfen. Die Zwiebel und den Knoblauch schälen und in kleine Würfel schneiden. Die Walnüsse hacken. Zwiebel, Knoblauch und Walnüsse bei hoher Hitze mit reichlich Öl und Salz anbraten. Kurz bevor die Zwiebeln glasig sind, den Palmkohl mit einem Schuss Wasser hinzugeben. Bei geschlossener Pfanne wird der Kohl nun so lange blanchiert, bis er durch die Hitze sein Volumen verliert. Sobald der Kohl in sich zusammengefallen ist, den Schmand in die Pfanne geben. Mit ½ TL Salz, Weißweinessig und Honig die Sauce abschmecken. Nun die Pasta zur Sauce geben und unterheben.

GRÜNKOHL-KÜRBIS-EINTOPF

2 PERSONEN | 45 MINUTEN | VEGAN

ZUTATEN

250 g getrocknete weiße Bohnen

100 g Grünkohl

250 g festkochende Kartoffeln

200 g Hokkaido-Kürbis

1 Zwiebel

2 Knoblauchzehen

2 EL Rapsöl

300 ml Gemüsebrühe

400 g gehackte Tomaten (Dose)

1 TL Zuckerrübensirup

Salz

1 Msp. mittelscharfer Senf

ZUBEREITUNG

Die Bohnen eine Nacht vorher in heißem Wasser einweichen. Am nächsten Tag das überschüssige Wasser abgießen und die Bohnen in einem Topf ca. 30 Minuten kochen.

Den Grünkohl waschen und von den Stängeln abzupfen. Genauso die Kartoffeln, den Kürbis und die Zwiebel schälen und alles in kleine Würfel schneiden. Den Knoblauch schälen und hacken. Anschließend das Rapsöl in einem großen Topf erhitzen und das Gemüse 2–3 Minuten darin anbraten, dann mit Gemüsebrühe ablöschen. Die weißen Bohnen und die gehackten Tomaten hinzugeben und anschließend 15 Minuten kochen lassen. Den Eintopf mit Zuckerrübensirup, Salz und Senf abschmecken.

WURZELGEMÜSE AUS DEM OFEN

2 PERSONEN | 35 MINUTEN | VEGETARISCH

Eines der Gerichte, die es über das gesamte Jahr in verschiedenen Variationen gibt. Bei uns landen je nach Jahreszeit auch Kürbis, Zucchini, Kartoffeln oder Pilze auf dem Backblech. Prinzipiell kann hier also jedes Gemüse nach eigenem Geschmack verwendet werden.

ZUTATEN

Für das Gemüse

250 g Rote Bete

250 g Pastinaken

250 g Möhren

2 Schalotten

4 EL Rapsöl

Salz

Pfeffer

Zuckerrübensirup (nach Belieben)

Für die Aioli

1 Knoblauchzehe

½ TL mittelscharfer Senf

1 TL Tafelessig

1 Ei (Größe M)

Salz

Pfeffer

150 ml Rapsöl

ZUBEREITUNG

Den Ofen auf 200 °C (Umluft) vorheizen. Das gesamte Gemüse gründlich waschen. Die Enden der Roten Bete abschneiden und die Rote Bete in Scheiben schneiden. Möhren und Pastinaken putzen und vierteln. Die Schalotten schälen und in Ringe schneiden.

Bevor das Gemüse in den Ofen kommt, reichlich mit Öl, ½ TL Salz, Pfeffer und Zuckerrübensirup würzen. Anschließend für ca. 20 Minuten im heißen Ofen backen.

Für die Aioli den Knoblauch schälen und fein würfeln. Senf, Essig, Ei, ½ TL Salz, etwas Pfeffer und Rapsöl in eine Schüssel geben. Mit dem Pürierstab zur Aioli aufmixen.

ROTKOHL-PFANNKUCHEN

2 PERSONEN | 45 MINUTEN | VEGETARISCH

ZUTATEN

Für den Rotkohl
500 g Rotkohl
2 EL Apfelessig
3 EL Rapsöl

Für die Pfannkuchen
2 Eier (Größe M)
200 ml Milch
1 TL Zucker
½ TL Salz
100 g Mehl (Type 1050)
2 TL Backpulver
2 Äpfel

Für die Sauce
250 g Schmand
2 TL Honig
Salz

ZUBEREITUNG

Für den Rotkohl den Ofen auf 200 °C (Umluft) vorheizen. Den Rotkohl waschen, trocknen und in Scheiben schneiden. Auf einem mit Backpapier ausgelegten Backblech verteilen und mit Apfelessig, Rapsöl und Salz marinieren. Nun 20 Minuten im heißen Ofen backen.

Für die Pfannkuchen die Eier in einer Schüssel aufschlagen und mit Milch, Zucker und Salz vermengen. Mehl und Backpulver vermischen, dann zum Rest des Teigs geben und verrühren. Den Teig ein paar Minuten quellen lassen. Währenddessen die Äpfel waschen und in je 16 gleich große Stücke schneiden.

Nachdem der Teig ruhen konnte, je acht Apfelstücke mit etwas Teig in eine Pfanne geben und ausbacken, sodass vier Pfannkuchen entstehen.

Den Schmand mit Honig und etwas Salz anrühren. Den Rotkohl aus dem Ofen nehmen und gleichmäßig auf den Pfannkuchen verteilen. Zum Schluss den Schmand nach Belieben auf die Pfannkuchen geben.

KARTOFFEL-LAUCH-SUPPE

2 PERSONEN | 45 MINUTEN | VEGETARISCH

Dieses Gericht hat meine Oma über mehrere Jahre verfeinert. Verschiedene Rezepte durchgelesen, ausprobiert und kombiniert. Entstanden ist dabei diese Kartoffel-Lauch-Suppe, welche im Winter immer dann auf den Tisch kommt, wenn wir nicht wissen, was es denn als Mahlzeit geben soll.

ZUTATEN

- 1 Stange Lauch
- 350 g festkochende Kartoffeln
- 150 g Möhren
- 100 g Sellerie
- 1 Zwiebel
- 2 Knoblauchzehen
- 2 EL Butter
- 750 ml Gemüsebrühe
- 1 Lorbeerblatt
- Muskatnuss (nach Belieben)
- Majoran (nach Belieben)
- Salz
- Pfeffer

ZUBEREITUNG

Den Lauch waschen, trocken schütteln und in feine Ringe schneiden. Die Kartoffeln, Möhren sowie den Sellerie schälen und klein würfeln. Zwiebel und Knoblauch schälen und klein hacken.

Die Butter in einem großen Topf erwärmen und darin Lauch, Knoblauch und Zwiebel scharf anbraten. Nach 2 Minuten die Möhren und Kartoffeln hinzugeben und nach weiteren 2 Minuten das Gemüse mit der Brühe ablöschen. Nun ein Lorbeerblatt hinzugeben und die Suppe ca. 30 Minuten köcheln lassen. Das Lorbeerblatt entfernen und mit einem Pürierstab die Suppe grob pürieren. Zum Schluss mit Muskat, Majoran, Salz und Pfeffer abschmecken.

BETEN-BARTSCH

2 PERSONEN | 40 MINUTEN | VEGAN

ZUTATEN

200 g Rote Bete
250 g festkochende Kartoffeln
1 Gemüsezwiebel
150 g Möhren
1 Stange Lauch
300 g Weißkohl
6 EL Rapsöl
2 EL Tomatenmark
Salz
Pfeffer
750 ml Gemüsebrühe
1 TL Apfelessig
½ Bund Petersilie
Schmand (nach Belieben)

ZUBEREITUNG

Rote Bete, Kartoffeln und Zwiebel schälen und in Würfel schneiden. Möhren, Lauch und Weißkohl waschen, trocknen und klein schneiden. Den Lauch zusammen mit Roter Bete, Zwiebeln und Kartoffeln in einem Topf mit Öl, Tomatenmark, Salz und Pfeffer anbraten. Danach mit der Gemüsebrühe ablöschen, das restliche Gemüse hinzugeben. Den Apfelessig unterrühren und anschließend ca. 25–30 Minuten köcheln lassen.

Die Petersilie waschen, trocken schütteln und hacken. Bartsch mit Petersilie und einem Klecks Schmand servieren.

HASELNUSS-BUTTERKUCHEN

1 BACKBLECH (ca. 40 x 30 cm) | ca. 1 STUNDE
VEGETARISCH

ZUTATEN

200 ml Milch
½ Würfel frische Hefe
175 g Zucker
400 g Dinkelmehl (Type 630)
250 g Butter
Salz
1 Ei (Größe M)
100 g gemahlene Haselnusskerne
100 g Haselnusskerne
100 g Sahne

ZUBEREITUNG

Die Milch lauwarm erwärmen, die Hefe mit 1 TL Zucker darin auflösen. 75 g Zucker mit dem Mehl vermengen und mit der Hefemilch verkneten. Anschließend den Teig 20 Minuten ruhen lassen.

50 g weiche Butter mit 1 Prise Salz und dem Ei vermengen und mit den gemahlenen Haselnüssen unter den Hefeteig kneten. Den Teig weitere 60 Minuten ruhen lassen. Währenddessen die ganzen Haselnüsse grob hacken.

Den Ofen auf 175 °C (Umluft) vorheizen. Den Teig auf einem mit Backpapier ausgelegten Backblech auf ca. 30 x 40 cm ausrollen. Mehrere kleine Mulden in den Teig drücken und die restliche Butter darin verteilen. Die gehackten Haselnüsse und den restlichen Zucker über den Teig streuen. Im heißen Ofen ca. 25 Minuten backen.

Den Kuchen aus dem Ofen holen und mit der Sahne beträufeln. Anschließend im offenen Backofen auskühlen lassen.

OMAS GESCHICHTEN

„Als Kind war ich sehr neugierig und musste immer alles ausprobieren. So auch die Trompete. Von der Jagd auf unserem Hof liegen geblieben, wollte ich sie unbedingt spielen. Natürlich habe ich keinen geraden Ton herausbekommen. Spaß gemacht hat es trotzdem."

OMAS GESCHICHTEN

„Auf diesem Bild sind meine Schwester und ich mit unserer Mutter zu sehen, wir sind fünf und sieben Jahre alt. Als Kinder haben wir uns immer um das Schaukelpferd gestritten. Es gab aber auch viele andere Dummheiten, die wir zusammen gemacht haben. Eines unserer größeren Malheurs passierte beim Spielen in unserem Pfirsichbaum. Beim Pflücken eines Pfirsichs brach ein großer Ast ab, auf den wir versuchten zu klettern. Natürlich durften unsere Eltern das nicht bemerken. Den Ast sollte meine Schwester daher festhalten, damit es nicht auffiel. Doch als unsere Dummheit aufgeflogen war, gab es ziemlich Ärger und einen Klaps auf den Hintern obendrein.“

SAISONKALENDER

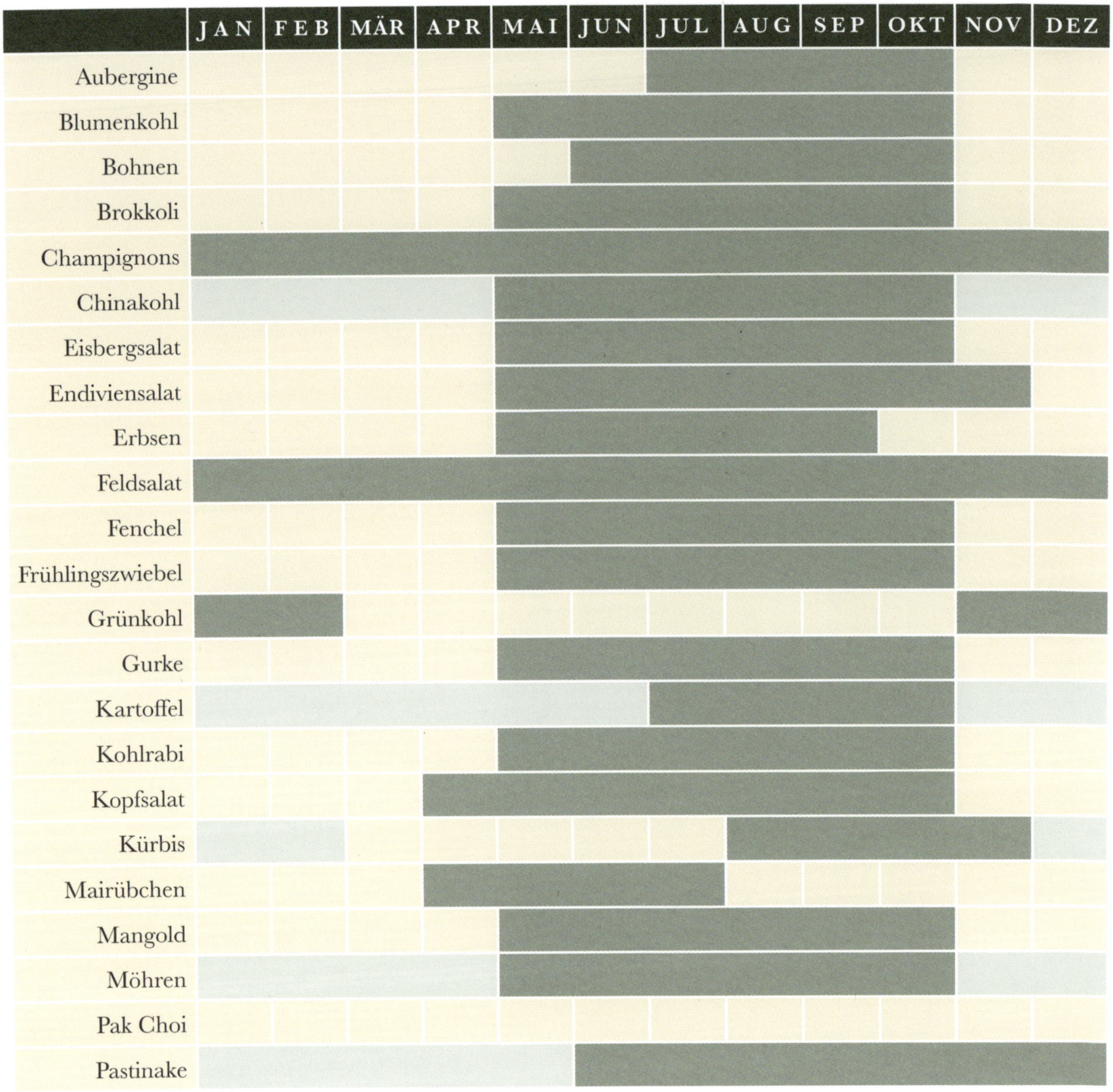

im saisonalen & regionalen Anbau (Freiland und geschützter Anbau)

als regionale Lagerware

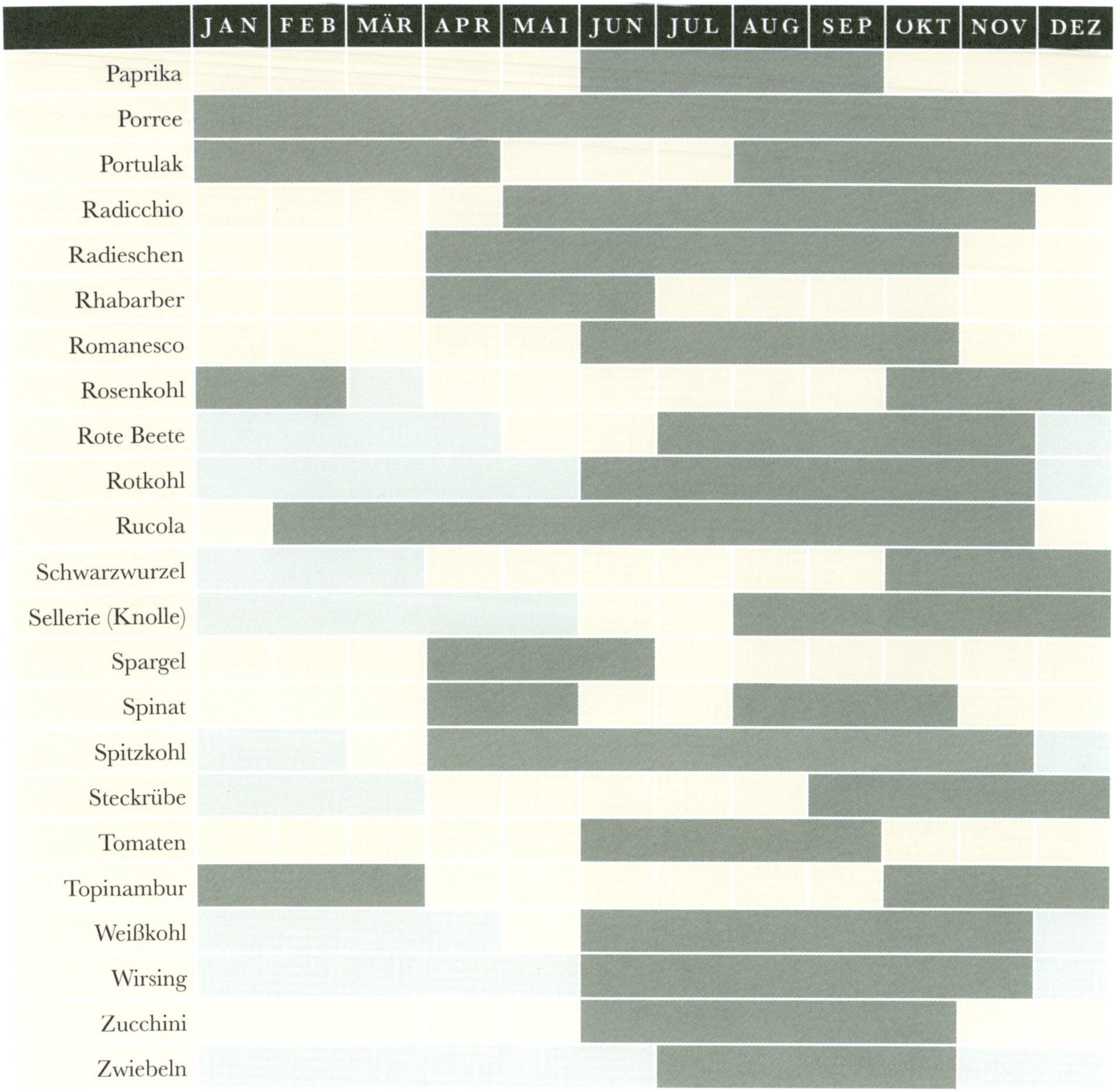

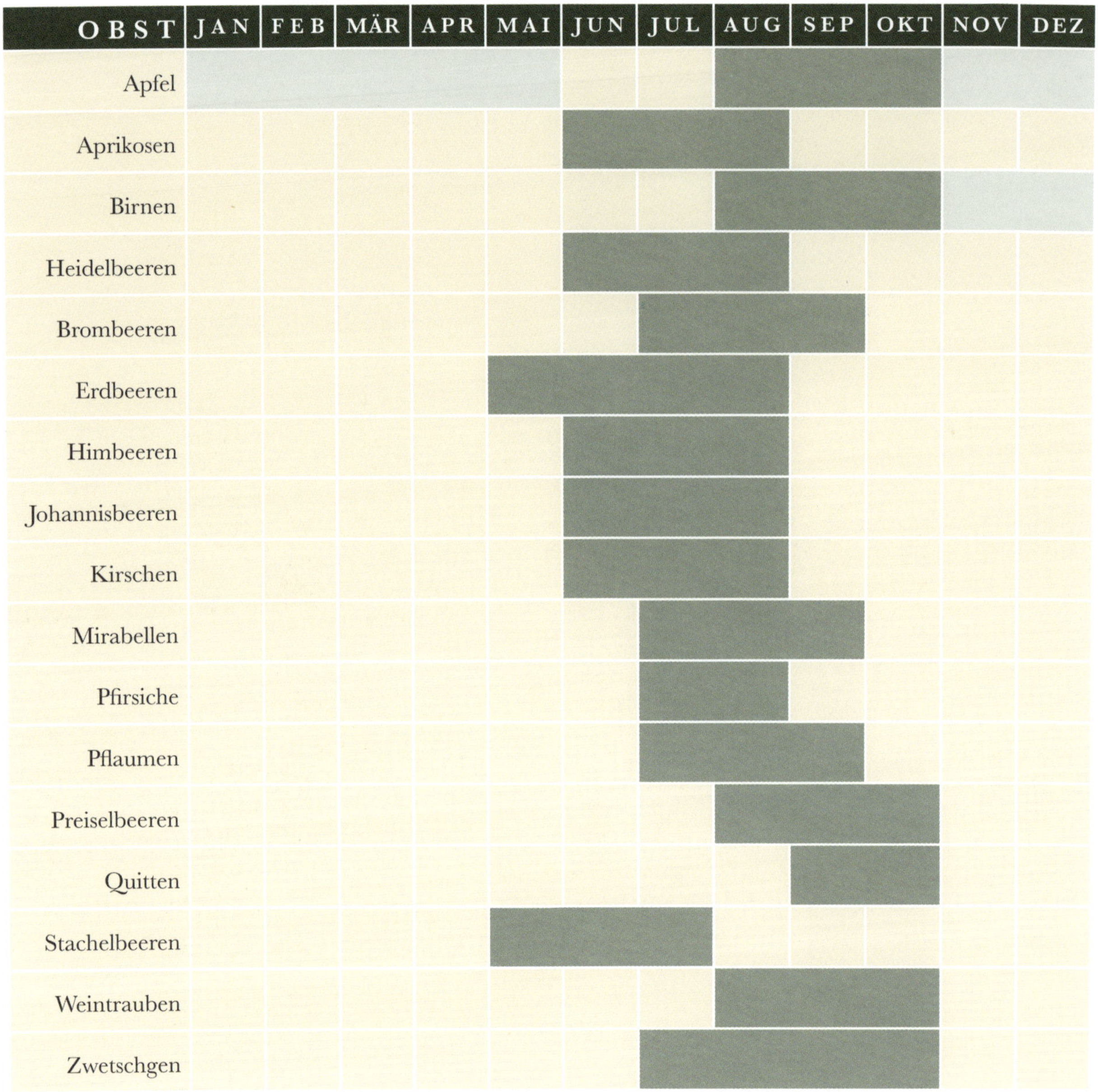
OBST
JAN
FEB
MÄR
APR
MAI
JUN
JUL
AUG
SEP
OKT
NOV
DEZ
Apfel
Aprikosen
Birnen
Heidelbeeren
Brombeeren
Erdbeeren
Himbeeren
Johannisbeeren
Kirschen
Mirabellen
Pfirsiche
Pflaumen
Preiselbeeren
Quitten
Stachelbeeren
Weintrauben
Zwetschgen

REGISTER

A

B

C

S

AL-KO

ÜBER DEN AUTOR

Jost Schowe lebt und arbeitet im Osnabrücker Land. Nach seinem Studium der Fotografie vereinte er 2020 seine Passion für Fotografie und das Kochen. Eine Passion, die zu „Vom Land" führte. Jost lebt eine vegetarische Lebensweise, die nicht nur seine eigene Ernährung prägt, sondern auch die seiner Familie beeinflusst. Als Fotograf arbeitet er für Magazine, Firmen und Künstler*innen im Bereich Reportage, Portrait und Food.

DANKSAGUNG

Ich bin sehr dankbar, dass ich mein erstes eigenes Kochbuch veröffentlichen durfte. Ein Buch, das eine bunte Sammlung an Rezepten enthält, aber auch eine Wertschätzung meiner Oma ist. Gemeinsam haben wir die Rezepte konzipiert und in vegetarischer Form zubereitet. Die Rezepte, Bilder und vor allem ihre Geschichten haben dieses Buch zu dem gemacht, was es ist und haben mich während des gesamten Prozesses neue Dinge und Geschichten von ihr lernen lassen.

Ein herzliches Dankeschön gilt meinen Freund*innen und meiner Familie. Ihr habt mich während der Arbeit und Konzeption dieses Kochbuchs bei offenen Fragen unterstützt und mir neue Impulse gegeben, wenn ich nicht weiterwusste.

Vielen Dank auch an meine Dozent*innen der FH Dortmund, die mir bei den ersten Anfängen des Kochbuchs zu Seite standen und mich bei dieser Entwicklung begleitet haben.

Auch bedanken möchte ich mich bei dem Elshof aus Melle und dem Hof Pente aus Bramsche. Sie gaben mir die Möglichkeit, die Atmosphäre der Höfe und die besonders schönen Momente des Anbaus von Obst und Gemüse festzuhalten.

Mein besonderer Dank geht an den EMF-Verlag, und speziell an meine Lektorin Andrea. Die Zusammenarbeit mit dir hat mir besonders viel Spaß gemacht und war eine bereichernde Erfahrung.

Ohne euch alle wäre dieses Buch so nicht möglich gewesen. Danke von Herzen!

IMPRESSUM

Bibliografische Information der Deutschen Bibliothek.

Die Deutsche Bibliothek verzeichnet diese Publikation in der Deutschen Nationalbibliografie.

Detaillierte bibliografische Daten sind im Internet über http://www.dnb.de/ abrufbar.

EIN BUCH DER EDITION MICHAEL FISCHER

1. Auflage 2024

Alle Bilder: © Jost Schowe, Hilter
Leinenstruktur (Cover & Innenteil): © Limolida Design Studio/Shutterstock
Fotografierte Höfe: Elshof, Melle; Hof Pente, Bramsche

Cover, Layout & Satz: Alexandra Wolf
Projektmanagement: Andrea Flor
Lektorat: Andrea Flor, Johanna Ederer

ISBN 978-3-7459-1789-5

Gedruckt bei Polygraf Print, Čapajevova 44, 08001 Prešov, Slowakei

www.emf-verlag.de